LES ÉCHOS

DU

PENSIONNAT SAINT-JOSEPH

À SAINT-POURÇAIN (Allier)

Les Noces d'Or : Discours

et Comptes-Rendus — La Chapelle

Succès d'Examens

Revue de l'Année — Procès

MOULINS
IMPRIMERIE ÉTIENNE AUCLAIRE
SUCCESSEUR DE C. DESROSIERS

1900

LES

Echos du Pensionnat Saint-Joseph

Par Frère ADORATOR

Aux Amis, Elèves et Anciens Elèves
du Pensionnat Saint-Joseph

BIEN CHERS AMIS,

Je reviens encore, et toujours avec un nouveau plaisir, réveiller vos souvenirs et faire résonner. à vos oreilles, fatiguées des bruits du monde, les échos aimés du Pensionnat Saint-Joseph.

A mesure que nos réunions se multiplient, les liens réciproques de notre fraternelle amitié deviennent plus forts, et nous réalisons, de mieux en mieux, le spectacle si réconfortant de la famille dans ses belles manifestations.

L'année qui vient de s'écouler a été riche en événements joyeux. Elle sera, on peut l'affirmer sans crainte, une des plus belles années du Pensionnat Saint-Joseph. Les Noces d'or du Frère Gualbert, — la construction de la chapelle, — nos succès scolaires, — notre procès, etc. ; voilà autant d'événements que j'ai l'intention de rapporter ici pour satisfaire la légitime curiosité de ceux qui les ignorent ou rafraîchir la mémoire de ceux qui en ont été les témoins. Les uns et les autres vous y trouverez une égale satisfaction, parce que l'image de votre vieux maître vous apparaîtra partout avec les traits particuliers qui la caractérisent et qui vous la font aimer.

Pour vous être agréable et pour obéir à des inclinations que vous partagez avec moi, je veux vous donner, dans cette brochure, une large part aux « Noces d'or du Frère Gualbert ».

Je reproduirai donc ici, pour que vous les conserviez, les récits et discours auxquels cette fête grandiose a donné lieu.

De cette manière, nous pourrons, de temps en temps, ressusciter des impressions qui nous furent communes et qui seront, pour nous tous, comme une évocation de nos plus chers souvenirs.

Les Noces d'or du Frère Gualbert

Cet événement remarquable, que nous attendions tous avec une légitime impatience, a donné lieu à la plus belle manifestation d'affection filiale que l'on puisse rêver.

Etant donnés la haute personnalité du Frère Gualbert, sa popularité, votre attachement pour lui, on pourrait dire votre culte, nous pouvions, sans présomption, espérer une fête grandiose, mais il me semble que c'eût été audacieux et téméraire de compter sur 450 convives.

Et pourtant, rappelez-vous les trois grandes classes bondées, les cent cinquante mètres de tables étalées sous le préau, sans aucun vide, la chapelle deux fois insuffisante et nécessitant l'office en plein air.

Oui, vous étiez là légion pour fêter le maître, légion pour célébrer l'apothéose de cette longue vie, consacrée à la noble tâche de l'éducation des enfants.

Pour revivre avec vous ce jour fortuné, je ne saurais mieux faire que de reproduire ici la relation qu'en a faite

M. l'abbé Clément, présent à la cérémonie et ami intime du Cher Frère Gualbert.

Saint-Pourçain

Noces d'or du Très Cher Frère Gualbert. — Lundi, le Pensionnat des Frères était en fête, et la ville de Saint-Pourçain voyait la tranquillité de ses rues heureusement remplacée par un joyeux va-et-vient de nombreux jeunes gens à l'allure distinguée et à la figure souriante. La population elle-même, qui connaissait la cause de cette extraordinaire affluence, semblait, par son accueil aimable, dire aux arrivants que le cœur de Saint-Pourçain était de la fête avec les anciens élèves, les Frères, les étrangers, qui descendaient de tous les trains, arrivaient par toutes les routes...

Saint-Pourçain fêtait les Noces d'or du Très Cher Frère Gualbert.

Depuis huit heures du matin, les cours, les jardins, la maison, les classes du Pensionnat, sont envahis par des arrivants que reçoivent avec amabilité et une hospitalité bienveillante et tout affable, le Frère Adorator et ses Frères.

Le Frère Gualbert ne s'appartient plus ; il est pris de tous les côtés à la fois ; c'est un assaut en règle autour de sa chère personne, qu'on entoure, qu'on embrasse, qu'on félicite, pendant qu'avec un petit sourire malin au coin des lèvres, une émotion dans l'œil, ses bras, ses bons bras de père s'ouvrent et se referment tour à tour.

La Messe

A 11 heures, tout le monde est présent dans la vaste cour. La messe est célébrée en plein air par M. l'abbé Aubin, curé de Branssat, — le « cher ancien », l'ami intime des bons et mauvais jours, le président aimé de l'Association. — M. l'abbé Coste l'assiste. Le Cher Frère Gualbert est à genoux au pied de l'autel dressé en haut des marches, au milieu d'un charmant et riche décor improvisé par l'habile maître des Novices de Varennes, le Frère Amphiloque. Le vénéré jubilaire est entouré du Frère Augustalis, le nouvel Assistant, du Cher Frère Mélétius, le sympathique Visiteur provincial, de M. l'abbé de la Chaise, de nombreux prêtres des environs, d'une vingtaine de Frères, des anciens élèves et des représentants de toutes les classes de la cité saint-pourcinoise.

A l'Evangile, M. l'abbé Moitron, l'éloquent curé doyen, prend la parole et, par quelques mots du cœur, justifie l'opportunité et la raison d'être de cette belle fête : l'amour et la confiance des anciens pour leur vieux maître.

Après avoir montré que ce dernier aurait bien le droit de chanter lui aussi son « *Nunc dimittis* », après avoir fait du Pensionnat de Saint-Pourçain une maison de premier ordre et une institution foncièrement chrétienne, l'orateur ajoute qu'il doit cependant rester sur la brèche où sa présence et son exemple sont nécessaires. Voici du reste un extrait de son discours :

Discours de M. le Curé de Saint-Pourçain.

(EXTRAITS)

Ce ne sera pas moi qui, aujourd'hui, vous adresserai la salutation de bienvenue, comme j'en ai la coutume aux réunions annuelles de votre société amicale. Les Noces d'or de notre cher et vénéré Directeur vous ont groupés en si grand nombre, et en cette fête familiale vous paraissez si bien chez vous, que nous autres de Saint-Pourçain, nous sommes bien forcés de subir la loi des majorités... et c'est en votre nom plus qu'au mien, que je les envoie ces saluts de bienvenue à mes paroissiens et aux autres amis de notre chère maison de Saint-Joseph, qui viennent partager votre joie dans cette solennité.

C'est une fête rare... On n'en voit pas tous les jours des cinquantenaires, surtout dans les maisons d'éducation : il n'est pas besoin d'un demi-siècle pour ruiner les vies des maîtres dans ces travaux rudes auxquels seules résistent les constitutions très vigoureuses. Les maisons de l'instruction officielle les ignorent ces fêtes, et pour bien des raisons...... Seules, les écoles où Dieu règne ont ce privilège, parce qu'il n'y a que l'amour de Dieu qui enseigne aux maîtres à aimer les enfants et aux enfants à rendre aux maîtres le tribut filial de l'affection persistante. Et au bout de cinquante ans, seuls ces enfants devenus des hommes se souviennent encore ; et, génération par génération, ils viennent, et ils encombrent la maison de celui qui fut le maître et le père et qui est resté le père et l'ami !

Décidément, la vieille chapelle où je saluais votre réunion, les années passées, la vieille chapelle est trop petite ! et il nous faut pour votre foule la vaste enceinte, pour abri l'ombre des grands arbres, les cieux à découvert pour chemin des prières qui vont monter de vos cœurs.

La vieille chapelle est trop petite. L'anniversaire prochain des noces d'or vous réunira, mes chers amis, dans le sanctuaire nouveau dont on posera ce soir la première pierre. Oh ! la gracieuse pensée qui a décerné ce cadeau à offrir au vénéré jubilaire comme permanent souvenir de ce jour ! La belle chapelle dont les fondements sont sous nos yeux, sur lesquels notre imagination bâtit un édifice digne de l'affection qui l'offre... la belle chapelle qui lui rappelle aujourd'hui celle où, il y a cinquante ans, il prononçait ses vœux de religion ; la belle chapelle où il rajeunira sa vieille vie, *ad Deum qui lætificat juventutem* ; la belle chapelle dont chacune des pierres, données par vous, lui rappellera dans ses prières les noms de tous ses fils bien-aimés ; ces pierres unies par le ciment dans un inébranlable mur, comme vos âmes cimentées ensemble par la charité chrétienne et fermes comme des remparts ; ces pierres qui garderont à couvert l'Eucharistie, comme vous aussi l'Eucharistie vous garde et vous défend dans les périls de vos vocations diverses.

Ah ! je devine la joie qui bat à cette heure dans la poitrine de votre vieux maître ! J'ai saisi l'enthousiasme de son âme ardente et aimante, quand il saluait, à l'entrée, votre foule pressée et joyeuse ! Il les comptait sur vous les étapes multiples de sa laborieuse et féconde existence, échelonnées, pour ainsi dire, sur vos générations successives. Il vous voyait tous, depuis vous autres, jeunes gens, qui, hier encore, formiez vos âmes au contact de son âme vaillante et douce, jusqu'à vous, les pères de famille, qui ne sont plus jeunes, ceux d'entre vous, mes chers amis, qui, il y a près de quarante ans, virent arriver dans cette école le nouveau directeur, inconnu et que l'on devait si vite apprendre à connaître.

Quarante années amènent bien des changements dans les choses et dans les vies humaines ; vous le savez bien, vous les premiers élèves du Frère Gualbert, les élèves d'il y a quarante ans... Vous vous rajeunissez quand vous franchissez le seuil de cette maison ; vous y revivez votre enfance, déjà lointaine, dans le charme rafraîchissant des souvenirs ; vous les biffez, ces quarante ans de votre existence... Ils existent pourtant, et ils pèsent, vous devez vous en apercevoir quand vous serrez la main des vieux camarades de ce temps... Sous les traits fatigués par le travail de vivre, sous les cheveux blanchissants, vous avez peine à reconnaître les amis des jours d'école. Le souvenir vous était resté des mines rieuses et insouciantes, des pétulants ébats, des mille riens pleins de grâce et de fraîcheur ; et au lieu de cela... vous avez peine à les reconnaître !

Lui, le vieux père, il vous reconnaissait sans peine : il ne vous avait jamais perdus de vue.

Il vous avait vus revivre sous ses yeux, dans vos enfants qui prenaient tour à tour, sous sa direction, la place de leurs pères, mais vous, il ne vous avait jamais oubliés. De l'œil de son cœur, il suivait vos luttes et vos travaux ; il se réjouissait de vos succès ; vos peines, il les avait ressenties, et il avait pleuré avec vos deuils. A être, pendant quarante années, père d'une si nombreuse famille, le cœur d'un homme doit goûter bien des allégresses et se briser dans bien des déchirements... Non, non, il n'avait pas peine à vous reconnaître.

Et le voilà, en ce jour de ses Noces d'or, avec sa glorieuse couronne de cinquante ans de vie religieuse, avec ses palmes de cinquante ans consacrés à la formation des caractères et des intelligences, le voilà qui, dans une sainte fierté, vous couvre tous de son regard, tous, les aînés de sa famille et les plus jeunes. Le voilà qui va vous offrir à Dieu, au Dieu qui a réjoui sa jeunesse ; en ce cinquantième anniversaire de sa profession religieuse, le voilà qui s'écrie :

Nunc dimittis servum tuum in pace. A présent Seigneur, souverain maître de la vie et de la mort, vous allez laisser votre serviteur s'en aller dans votre paix. *Quia viderunt oculi mei salutare.* Car mes yeux ont vu le trophée magnifique que votre miséricorde m'a donné de vous conquérir ! *Lumen ad revelationem...* Ces âmes de vos enfants, Seigneur, de mes enfants dans lesquelles j'ai eu le bonheur d'allumer la flamme victorieuse de la foi. *Et gloriam plebis tuæ.* Ces âmes, ô divin Maître, que je suis joyeux et fier de vous offrir, car elles sont ma gloire, elles sont la gloire de leurs familles qui me les avaient confiées, elles sont la gloire de tout ce pays, ces âmes de mes enfants, fidèles à votre loi, Seigneur, fidèles dans ces jours d'apostasie et de défection, *gloriam plebis tuæ Israel.*

Et moi, dira-t-il encore, *bonum certamen certavi,* j'ai combattu pour vous, ô mon Dieu, un rude combat, et j'ai besoin de repos. *Fidem servavi.* J'ai lutté pour la foi et je l'ai conservée dans ces âmes de mes fils. Il me faut la récompense, *quam retribuit mihi justus judex...*

Vous l'aurez, cher ami, et ce jour triomphal vous en est le présage ; vous l'aurez la récompense du serviteur bon et fidèle. Mais l'heure n'est pas venue, et le vaillant soldat ne doit pas se reposer avant la fin du combat.

Le saint Sacrifice continue : les enfants du Pensionnat et la fanfare, sous la direction toujours artistique de notre ami M. Roussat, chantent et jouent leurs morceaux les plus religieux.

Réunion Générale

A l'issue de la messe, tout le monde se rend dans les grandes salles et entoure les Directeurs des Frères.

Dans une causerie familière, empreinte tour à tour d'un caractère touchant d'intimité et aussi parfois de mordante ironie, le vieux maître, répondant aux compliments qui lui sont adressés par les élèves du Pensionnat, remercie les assistants de cette fête. Il évoque le passé, il fait l'histoire humoristique de la fondation du Pensionnat, retrace sa vie, les améliorations de ses services, ses débuts, ses succès définitifs : le Frère Gualbert revit là tout entier…, on le voit directeur, économe, professeur, musicien, maçon… Plein de modestie, il proclame qu'il n'est qu'un instrument entre les mains de Dieu et que l'essentiel c'est de faire la volonté de Dieu. Le mot qui résume cette piquante causerie, comme d'ailleurs la vie tout entière du Frère Gualbert, est : *Dieu soit loué !*

Un des jeunes parmi les anciens élèves, Charles Voisin, a lu un joli petit discours au Cher Frère Gualbert.

Il a été l'interprète fidèle de toute l'assistance par les sentiments délicats qu'il a exprimés en un très beau langage.

Ce travail, qui témoigne d'une belle culture, a surpris tout le monde, excepté les professeurs de Charles qui n'ont pas oublié le goût et l'habileté qu'il a toujours apportés dans ses devoirs littéraires.

M. Saulnier, au nom du Cercle catholique de Saint-Pourçain, offre, avec un énorme bouquet, les souhaits de ses confrères, et le Cher Frère lui répond avec à-propos en lui rappelant quels liens rattachent le Cercle au Pensionnat.

Voici du reste le texte de l'adresse du Cercle catholique, lue par M. Saulnier.

Les Membres du Cercle au Frère Gualbert

CHER FRÈRE GUALBERT,

Le Cercle catholique peut-il rester muet dans ce concert qui s'élève de tous les cœurs pour faire entendre, à l'occasion de vos Noces d'or, un chant vibrant de reconnaissance et d'affection ? Non, c'est impossible. Certainement chacun de nous, individuellement, par ses sentiments personnels et le souvenir vivant des bienfaits reçus, se trouve entraîné dans cet élan général, et participe aux témoignages d'attachement qui vous sont donnés ; mais le Cercle catholique a, de plus, le devoir bien doux d'élever la voix d'une manière collective, et s'il se taisait, il y a ici des pierres qui parleraient toutes seules.

Pourrions-nous oublier, Cher Frère Gualbert, que c'est ici notre berceau ? Que c'est dans votre maison, sous votre patronage, avec votre appui et vos encouragements incessants que nous avons pris naissance et que nous avons grandi ?

Pourrions-nous oublier tout ce que cette courageuse phalange d'hommes et de jeunes gens qui font la force et l'espoir de notre société doit aux inspirations puisées dans cette maison, auprès de vous ?

Pourrions-nous oublier surtout que, à une certaine époque, nous avons avec vous souffert persécution pour la justice ? Je me souviendrai toujours, et tous nos amis d'alors comme moi, de la bravoure souriante et calme avec laquelle vous repoussiez ou écartiez les coups qui voulaient nous frapper en menaçant de retomber sur vous. Ah ! tout cela a fait un lien que rien ne peut rompre.

La séparation est venue, le lien est resté, et dans mille circonstances de notre vie, depuis plus d'un quart de siècle, ce berceau de nos premiers ans s'est toujours ouvert, comme votre cœur, pour nous recevoir.

Aussi, Cher Frère Gualbert, sommes-nous heureux, au nom du Cercle catholique, de joindre notre voix à tant de voix émues et reconnaissantes : nous en sommes heureux et aussi nous en sommes fiers. Pourquoi ?

Je n'ai pas besoin de le dire, tout le monde le comprend !

C'est donc de toute notre âme, que nous demandons à Dieu de nous conserver longtemps encore cette énergie de caractère, cette jeunesse de cœur qui font que les « Noces d'or » d'aujourd'hui non seulement sont le couronnement d'une belle carrière accomplie, mais encore nous donnent une bonne espérance pour l'avenir.

Ad multos annos ! !

Cette adresse, lue avec une affectueuse expression, a été très applaudie.

Le Frère Adorator, visiblement heureux de cette fête qu'il avait tant désirée, remercie, à son tour, tous les assistants et annonce que la chapelle, dont on posera la première pierre le soir, comme un don de joyeuses noces d'or, sera payée par une souscription déjà abondante mais qu'il importe de compléter ce soir par une large aumône, que M. l'abbé Aubin, qui prend la parole, promet d'ailleurs au Cher Frère Directeur.

A Table

Puis tout le monde se rend au déjeuner servi, sous le grand préau, qui offre aux convives la jouissance d'une gracieuse perspective.

450 couverts sont dressés ; c'est un superbe coup d'œil offert par ces nombreux prêtres et cette masse d'anciens élèves.

Nous ne dirons rien de la discrète et cependant cordiale gaîté qui règne dans ces agapes fraternelles. Divers télégrammes apportent au vénéré jubilaire les souhaits et les vœux des absents. En particulier, une dépêche du Supérieur général de l'Institut des Petits-Frères-de-Marie, félicitant le Frère Gualbert, est vivement applaudie.

Discours de M. l'abbé Aubin

A la fin du repas, M. l'abbé Aubin monte sur la scène et lit un excellent discours, qui résume en fort bons termes la vie du Frère Gualbert et fait ressortir délicatement les qualités de l'éducateur, du lutteur qu'est le vieux maître et celle de son très digne successeur, le Frère Adorator, que tout le monde acclame, mêlant ainsi dans son admiration et ses vœux les deux Directeurs du Pensionnat.

Nous sommes heureux de donner ici quelques extraits du discours de M. Aubin.

MESSIEURS ET CHERS CONFRÈRES,
MES CHERS FRÈRES,
MES AMIS ET CHERS CAMARADES,

Cette solennité qui réunit tous les ans, à cette époque, les Anciens élèves de cette maison, offre à chacun de nous un attrait toujours nouveau. Nous nous sentons renaître et nous nous rappelons avec un plaisir ineffable, le temps où, enfants encore, sous le regard de maîtres vénérés, sans aucune préoccupation sérieuse, l'avenir se présentait à nous sous les couleurs les plus belles et les plus séduisantes.

En dehors de cet attrait particulier, il en est un, cette année, qui impressionne vivement nos cœurs en nous trouvant groupés si nombreux autour de notre vieux maître et ami, pour célébrer ses « Noces d'or ». Cinquante années consacrées à Dieu, vécues dans la prière et la pratique de la vertu, avec la plus vaillante énergie pour le bien de l'Eglise et de la Patrie par l'éducation religieuse.

Je voudrais, dans un beau et vibrant langage, exprimer ce qui est la pensée de tous, les sentiments de vénération, d'affection respectueuse que nous ressentons pour une vie si bien remplie, qui fait l'honneur et la gloire de l'Institut des Petits Frères de Marie, qui excite le respect et l'admiration, non seulement dans notre pays de Saint-Pourçain, mais dans le département tout entier.

De par droit d'ancienneté, comme élève des Frères de Saint-
Pourçain, on m'a confié le très flatteur, mais délicat honneur, de
porter la parole, à l'occasion de cette solennité. Vouloir dissimuler
mon bonheur et ma joie me serait chose impossible; aussi par-
donnez-moi, chers anciens élèves et chers camarades, si je vous
exprime toute ma reconnaissance pour cet insigne privilège d'être
l'interprète des vœux les plus sincères, des souhaits les plus ardents
que nous formons tous pour celui qui fut pour nous, en même temps
qu'un guide fidèle, l'ami le plus affectueux et le plus dévoué.

Vous auriez pu sans nul doute, si vous l'eussiez voulu, trouver
quelqu'un de plus digne, mais je vous certifie que nul ne m'aurait
dépassé et en reconnaissance et en dévouement.

Avant tout, qu'il me soit permis de saluer et d'associer dans nos
éloges, le vénéré M. Michel, que les ans retiennent chez lui, en ce
jour de fête. Il est le fondateur de la Maison des Frères. Il l'a vue
à son berceau, qui était bien petit, bien modeste ; mais le nid s'est
agrandi et les petits oiseaux du bon Dieu, les jeunes générations,
peuvent y circuler librement et respirer l'air pur à pleins poumons.

Nous associerons aussi dans ce même sentiment de reconnaissance, son aimable et distingué successeur, M. l'abbé Moitron. En
lui, les Frères ont trouvé un père, un ami, un guide et un soutien.
A tous enfin, prêtres ici présents, à vous Cher Frère Assistant et
Cher Frère Provincial, qui, par votre présence, tenez à témoigner
avec nous, au nom de votre Révérend Frère Supérieur Général et
de votre Congrégation tout entière, les sentiments de haute estime
et de bienveillante affection que vous ressentez pour notre ancien
maître.

A vous, bien Chers Frères, venus si nombreux et de si loin ; à
cette belle couronne d'anciens élèves, accourus de partout : « Merci ! »

M. l'abbé Aubin, après ce préambule, retrace avec
amour la vie du Frère Gualbert. Il parle de son enfance
qui s'est écoulée, jusqu'à 16 ans, à l'ombre des restes
célèbres de la vieille abbaye de Cluny. Nous ne le sui-
vrons pas dans cette partie intime de son discours, cela
nous entraînerait trop loin. Nous arrivons à la nomina-

tion du Cher Frère Gualbert comme directeur de l'Etablissement de Saint-Pourçain.

. . . .

Il est temps d'amener le Cher Frère Gualbert sur les lieux mêmes où nous célébrons ses « Noces d'or ». Il était bien jeune, quand il fut placé à la tête de cette maison de Saint-Pourçain, trente ans à peine, je crois.

Avec un tact et une délicatesse exquises, il sut ménager les susceptibilités et se concilier l'estime et l'amitié des Frères confiés à sa direction. Les débuts furent modestes, difficiles. Nous voyons encore le petit local vis-à-vis la cure. Il fallait se serrer un peu les coudes ; mais il régnait entre les maîtres et les élèves une si franche cordialité, qu'on s'y trouvait à l'aise quand même.

Que de bons souvenirs je pourrais évoquer ici ! !...

L'œuvre des Frères prospérait ; le nombre des élèves internes et externes augmentait. Un local plus spacieux s'imposait.

La Providence servit à souhait les secrets desseins du Frère Gualbert.

La maison où nous sommes en ce moment était en vente. On l'offrit tout d'abord à la ville, qui lésina et renvoya les vendeurs aux calendes grecques. Frère Gualbert, à l'affût, saisit l'occasion aux cheveux ; les choses ne traînèrent pas ; et, un beau soir, c'était un samedi à minuit, l'acte de vente était signé.

Le tour était joué au nez long et à la barbe hérissée de nos bons municipaux qui ne le lui ont jamais pardonné. Le lendemain, dimanche, au grand ébahissement des honorables instituteurs, déçus dans leur espoir de devenir châtelains, à la grande joie des honnêtes gens, musique en tête, on prenait possession de cette maison, qui devait, grâce à la sage administration et à la volonté invincible du Cher Frère Gualbert, devenir le magnifique pensionnat que tout le monde admire.

La cage était belle, mais non appropriée aux besoins de la situation. Tout était à créer ; il fallut bâtir : difficultés pécuniaires, obstacles intimes ; rien n'arrête, rien ne rebute le directeur. Il se fait architecte, maçon, charpentier, que sais-je encore ? Il triomphe de tous les obstacles ! Comme Pompée, il n'a qu'à frapper du pied :

salles d'étude, salles de classe, dortoirs, réfectoires, préau magnifique, salle de musique, enfin cette chapelle dont M. le doyen de Saint-Pourçain bénira ce soir la première pierre, tout sort de terre comme par enchantement..

Vingt-sept ans de travaux et l'œuvre est complète ; voilà l'homme, vous le connaissez, vous l'aimez, vous l'estimez ; voilà son œuvre matérielle ; et, sans crainte d'exagération, on peut le dire : c'est un travail de géant. Cette opiniâtreté dans l'action, ce *labor improbus* de l'auteur latin, nous montre ce que peut la volonté de l'homme animé du souffle de Dieu.

Et maintenant, Messieurs, il me reste à vous présenter les résultats moraux de cette œuvre grandiose.

Jetez vos regards sur ces longues rangées de tables. C'est bien là le cas d'appliquer ces belles paroles de l'Ecriture sainte, au livre des Psaumes : « *Filii tui, sicut novellæ olivarum, in circuitu mensæ tuæ* : Vos fils seront autour de votre table, comme de jeunes oliviers autour de l'arbre qui les a produits. » Oui, Frère Gualbert, toutes ces plantes que vous avez cultivées, fortifiées, redressées, unies par les liens affectueux et puissants qui les attachent à vous, s'écrient dans un élan d'une même et profonde gratitude : « Amour et reconnaissance. »

Au nom d'abord de votre Congrégation, si florissante, à laquelle vous avez consacré, il y a cinquante ans, votre vie tout entière, que vous avez faite grande parmi nous en nous donnant par votre vie le modèle du religieux que nous aimons.

Au nom des premiers élèves de cette maison, cette vieille garde toujours fidèle. Oh ! ce n'est pas sans une vive émotion, sans une inexprimable allégresse que nous nous avançons, ayant à notre tête notre premier directeur, notre premier maître. Je ne crains pas de le dire : c'est votre fête à vous aussi, Frère Baudélius, et votre cœur doit exulter à l'unisson des nôtres. Béni soit le Ciel qui vous a conduit en ce grand jour, au milieu de vos élèves d'il y a quarante-cinq ans. Là, vous pouvez constater qu'ils ont profité des sages leçons de reconnaissance et d'attachement que vous avez fait germer au plus intime de leur âme.

Au nom de ces prêtres nombreux que vous avez formés pour l'Eglise, à qui, tout en développant l'intelligence et en façonnant le cœur, vous rappeliez par vos conseils et vos exemples, que la science sans la piété n'est qu'un vain mot, que la grandeur morale de l'homme, à plus forte raison celle du prêtre, consiste dans les actes d'une vie de dévouement consacrée tout entière au service de Dieu et du prochain.

Au nom de ces vaillants serviteurs de la patrie, que le devoir retient, hélas ! éloignés de nous en ce jour de fête. Vous leur avez prêché souvent que le vrai patriotisme prend sa source dans le sentiment religieux, que les cœurs les plus sensibles à l'honneur du pays sont précisément ceux qui placent le plus haut les intérêts de la foi, que le jour où il n'y aurait plus de croyants, il n'y aurait plus de soldats, parce que aucune vision divine ne se pencherait plus sur l'homme pour lui donner la force surhumaine, la certitude et l'espérance qu'en offrant son sang à la patrie, il trouvera là-haut la compensation et la récompense promises au devoir vaillamment accompli.

Au nom de cette catégorie la plus nombreuse de votre famille, fonctionnaires, agriculteurs, commerçants, instituteurs, pharmaciens, médecins, que sais-je ? dans l'esprit desquels vous faisiez pénétrer, par les arguments les plus énergiques et les plus convaincants, que c'est par la religion qu'un peuple se défend le mieux contre l'ignorance, la servilité, le despotisme ; que c'est par la religion que nous apprenons à nous aimer et à nous aider les uns les autres.

Amour donc et reconnaissance à ce grand éducateur du Prêtre, du Soldat et du Citoyen.

Au nom de vos préférés, si je puis parler ainsi, sans jalousie aucune, au nom de cette troupe fidèle et toujours grossissante de vos chers musiciens, à la tête desquels nous admirons tous cet « ami au cœur vaillant et fier. Au nom de ces vaillants pour lesquels vous avez pris en main les revendications les plus incontestables du droit et de la justice, pour lesquels, traduit maintes fois devant la barre, vous avez crié bien haut, aux applaudissements de la foule sympathique, que le citoyen ne vaut que par le droit dont il est défenseur, et que déserter son droit c'est s'anéantir, le trahir, se déshonorer.

En votre nom, jeunes élèves de ce Pensionnat, vous, nos dignes successeurs, dont les succès toujours croissants portent au loin le beau renom de cette chère Maison de Saint-Pourçain ; qui continuez avec courage ses glorieuses traditions et qui par votre nombre, votre bon esprit, je dirai votre réputation, illuminez le soir de la vie de notre vénéré maître.

En votre nom, Chers Frères de cette communauté de Saint-Pourçain, qui, par votre union, votre dévouement, votre esprit religieux, réalisez la famille que Dieu bénit.

En votre nom surtout, Cher Frère Adorator, qui apportez tant de tact et tant d'habileté à l'œuvre de votre prédécesseur. Vous avez conquis notre sympathie et nos cœurs qui vous sont reconnaissants d'avoir eu la délicatesse, tout en remplissant vos fonctions de directeur, de laisser rayonner au premier rang la personnalité de notre Cher Frère Gualbert.

Au nom de la ville de Saint-Pourçain, dont la vraie population se pressait si nombreuse ce matin, venant s'unir à nous pour chanter le cantique d'actions de grâces, qu'en votre honneur, nous adressions au Ciel. Par sa présence, elle vous exprimait l'hommage bien mérité de sa gratitude pour tout le bien que, depuis 37 ans, vous avez fait parmi elle.

Enfin, au nom de tous, je viens vous dire :

Ad multos annos !

Et pour terminer, laissez-moi vous dire simplement et affectueusement :

Nous vous aimons tous et notre amour est d'autant plus grand que nous honorons en vous celui qui nous a toujours inspiré la piété, l'amour de la religion et de la patrie.

C'est ainsi que M. l'abbé Aubin, de sa voix forte et vibrante, fit l'apologie du vénéré jubilaire.

L'attention des assistants, le contentement qui rayonnait sur tous les visages, disaient bien haut que les sentiments qu'exprimait, avec tant d'amour, leur sympathique président, étaient dans tous les cœurs.

La « Croix » au Frère Gualbert

A son tour, M. l'abbé Clément porte au héros de la fête, qui est son ami, le toast suivant :

TRÈS CHER FRÈRE GUALBERT,

Comme délégué et représentant du Comité Central de la Bonne Presse, je vous apporte ici l'hommage respectueux, reconnaissant et affectueux de la *Croix*, et le témoignage de notre admiration pour l'honorable et — j'ose ajouter — pour la glorieuse carrière que couronnent aujourd'hui ces fêtes jubilaires de vos Noces d'or.

Si le Comité départemental prend cette initiative, c'est que — laissez-moi vous le dire sans ambages — vous appartenez au département et au diocèse autant qu'à votre chère et si florissante école de Saint-Pourçain.

C'est une gloire qui, je l'espère, nous fera pardonner par les Saint-Pourcinois et par vos chers anciens, cet accaparement qui peut paraître audacieux à votre humilité et à vos seuls yeux, mais qui n'est que très légitime et fort justifié.

En effet; si on a pu dire avec raison qu'aucun homme ne s'appartient, en propre — puisque Dieu de qui il relève tout entier, a donné à chacun de nous la mission de nous occuper les uns des autres, « *mandavit Deus unicuique de proximo suo* », — on peut dire aussi que certains hommes sont, par une vocation plus spéciale, voués par la Providence au don sublime d'eux-mêmes aux autres, et ainsi appartiennent à une congrégation entière, au bonheur d'un pays, j'allais dire à tout le monde.

Il était d'ailleurs difficile à votre nature si expansive, si apostolique, de vous réserver quelque chose de vous-même.

Vos anciens élèves qui ont tous été l'objet de votre sollicitude plus que paternelle — car on peut appliquer à votre « âme forte et douce » comme on le disait si bien ce matin, la définition qu'on faisait du cœur de Lacordaire : « fort comme un diamant et tendre comme une mère », — vos Chers Frères témoins de vos excès de dévouement ne me contrediront pas.

Mais ce que tous savent moins, parce que votre modestie profonde dérobe bien des dénouements, c'est que votre zèle pour les âmes s'est étendu en dehors d'eux, hors de ces murs, plus loin que Saint-Pourçain, et que cette région a éprouvé les effets de votre désir de voir les âmes mieux éclairées et le règne de Dieu se répandre dans tous les cœurs.

Le département est devenu une grande classe qui a reçu votre parole, vos conseils, et a goûté les fruits de votre expérience et le réconfort de vos exemples !

Tout le monde vous doit quelque chose. Au milieu d'un temps où chacun n'aspire qu'à un oisif repos, vous avez donné le salutaire spectacle d'un travail acharné.

A notre époque où l'on ne vit que pour soi et au mieux de sa tranquillité, vous avez montré comment on travaille, surtout pour le triomphe de Dieu, en dépit des contradictions et des épreuves.

Dans le siècle des bras-croisés, vous nous êtes apparu la main ouverte, les bras tendus, la plume toujours prête.

A cette fin d'époque où l'inertie des bons semble autoriser les pires manœuvres des méchants, vous avez appris à notre génération à repousser vigoureusement le mal en restant « juste », et en méritant l'estime même de vos adversaires.

A une heure enfin, où le courage manque même aux meilleurs, vous avez donné le fortifiant exemple d'un grand caractère et d'une âme qui reste debout au milieu des prosternements, des affaissements, pour la revendication des principes chrétiens ou des libertés nécessaires.

Et enfin, vous avez fait mieux encore que d'être vous-même tout cela... vous avez su former autour de vous, vos auxiliaires, votre successeur, vos élèves, « *sur votre modèle* » ; et vous nous préparez ainsi une légion de chevaliers-apôtres, comme leur chef, pour le plus grand bien, le plus grand honneur de votre congrégation, de cette ville et de notre région...

Aussi, permettez-moi donc, mon Très Cher Frère, de saluer respectueusement votre passé, et de vous souhaiter d'être longtemps encore le vieux maître écouté de Saint-Pourçain, le vaillant champion de la cause religieuse et patriotique.

Ad multos et felices annos !!

Messieurs, je lève mon verre en l'honneur de notre maître vénéré, et je bois à ses « noces de *diamant* ».

— « Il est inutile d'ajouter que ce toast, sorti spon-
« tanément d'un cœur ami et tout dévoué au Frère
« Gualbert, fut couvert d'applaudissements. —

Bénédiction de la première pierre.

L'heure de la Bénédiction de la première pierre de la chapelle a sonné.

M. Moitron, précédé des membres du clergé, adresse d'abord à la foule, une courte allocution sur la signification de la cérémonie, à laquelle il procède sans retard, au milieu de l'affluence des invités, et tandis que la fanfare fait entendre ses morceaux les plus enlevants.

La Bénédiction du Très Saint Sacrement, donnée par M. l'abbé Darche, curé de Lusigny, et ancien vicaire de Saint-Pourçain, termine ces pieux exercices, à la suite desquels tout le monde se disperse dans les jardins et les cours, en conversations particulières ; puis se réunit autour de la fanfare qui exécute les meilleurs morceaux de son répertoire. Et tandis que nous quittons Saint-Pourçain, les cours, les édifices s'embrasent des feux d'une illumination magnifique, pendant que devant les spectateurs les anciens élèves jouent sur le théâtre du Pensionnat les... « *Deux Aveugles* », « *Un bal à la Sous-Préfecture* », en attendant que, le soir, ils exécutent le « *Célèbre Vergeot* ».

Et nous emportons, avec une émotion reconnaissante, le bienfaisant souvenir d'une fête où le passé de Frère Gualbert a été mis dans une juste et glorieuse apothéose.

Signé : Le Croisé.

Fête du soir.

Monsieur l'abbé Clément est parti avant la fête du soir. Je le regrette ; il nous en aurait donné un récit très intéressant, car ce n'est pas de la journée la partie la moins animée.

Que de choses encore il y aurait à glaner pour compléter ce compte-rendu pourtant bien long !

A la tombée de la nuit, le parc s'illumine de mille feux, et la Vierge de Lourdes, toute ruisselante des jets de la belle et riche lumière blanche que donne l'acétylène, nous attire tous à elle pour la prière du soir.

Massés devant la grotte, nous chantons le *Magnificat* et l'*Ave Maris Stella* qu'accompagne la fanfare. Toute la ville de Saint-Pourçain a retenti de ce formidable unisson, fortifié de 50 instruments.

Comme ces chants religieux font du bien à l'âme, comme ils attendrissent et comme ils font naître la paix dans les cœurs, comme aussi, ils donnent un nouveau charme aux amusements innocents !

L'illumination est féerique. C'est avec peine qu'on s'arrache à la contemplation admirative d'un si beau panorama.

Cependant, c'est sous le préau que la fête doit se continuer.

Les 450 convives se retrouvent au repas du soir. Les quelques vides produits par des départs forcés sont largement remplis par de nouveaux venus.

C'est dans cette dernière réunion, plus intime, que j'ai essayé de faire ressortir les traits caractéristiques de notre Cher Frère Gualbert.

Vous m'avez écouté avec trop d'attention et vous m'avez demandé avec trop d'insistance la publication de ma petite causerie pour que je me refuse à vous être agréable.

Une causerie.

Je vous la livre, bien que le caractère intime que je lui ai donné s'oppose à cette divulgation. Je me tranquillise à la pensée que cette brochure n'est destinée qu'aux anciens élèves et amis de la maison.

J'aurais pu donner un portrait plus facile à montrer au public, mais ce ne serait pas l'homme que nous connaissons et que nous aimons tant.

MESSIEURS ET CHERS ANCIENS ELÈVES,

Je croirais manquer gravement à mon devoir et à votre légitime attente, si je n'apportais, moi aussi, le concours de ma faible voix, au magnifique concert de louanges qui retentit depuis ce matin en l'honneur de notre cher maître.

Je ne vous demanderai ni votre attention ni votre bienveillance : car si elles sont acquises à tous ceux qui viendront vous parler de votre bien-aimé Frère Gualbert, elles ne sauraient manquer au continuateur de son œuvre.

Placé depuis douze ans dans la famille religieuse de celui que vous êtes venu fêter aujourd'hui, j'ai pu, tout à mon aise, l'étudier dans les différentes manifestations de son caractère et dans les évolutions de sa vie d'éducateur et de religieux.

Eh bien, chers anciens et chers amis, laissez-moi vous affirmer ici que mon admiration n'a fait que grandir à mesure que j'avançais dans la connaissance de cette grande âme qui a toujours dominé les événements et dont les effusions ont ranimé si souvent les découragés et les vaincus de la vie.

Mais, pour parler avec ordre, nous allons considérer

Frère Gualbert comme « *religieux* », comme « *éducateur* » et comme « *homme.* »

Comme « *religieux* », je vous dirai plutôt ce qu'il n'est pas.

En procédant par élimination, je serai plus à l'aise pour ne pas le blesser dans sa modestie. Les fadaises laudatives que l'on répand sans mesure dans le monde officiel, et qui deviennent banales à force d'être appliquées sans discernement et sans justice, ne sont pas faites pour lui être agréables.

Je vous demande pardon du mot que je vais employer, mais je n'en trouve pas d'autre pour rendre ma pensée et je sais qu'il ne lui déplaira pas.

Frère Gualbert n'est pas un « cagot ».

J'en appelle à toutes les générations qui se sont succédé dans cette maison.

J'ajouterai que, par caractère, il n'a jamais aimé les « cagots ».

Que de fois ne les a-t-il pas écrasés de ses mordantes hyperboles !

J'ai toujours cru que la réputation qu'on lui a faite, à tort sans doute, dans un certain monde, d'usurper les fonctions épiscopales dans le sacre des personnes et des choses, lui est venue de quelques épithètes ronflantes qu'avaient provoquées de faux dévots et qui, mal entendues, ont été ensuite infidèlement rapportées.

En admettant comme possible qu'il ait inventé quelques mots grecs, un peu sonores, cela n'influe en rien ni sur notre admiration ni sur la solidité de sa piété.

Nous l'aimons tel qu'il est, et nous ne voulons pas d'une physionomie qui ne serait pas la sienne.

En parlant ainsi, je crois être le fidèle interprète de tous ses amis.

Frère Gualbert n'est pas non plus un « mystique »,

c'est-à-dire un être tout spirituel, tout éthéré, indépendant des sens, ayant horreur des pompes, des manifestations bruyantes des masses aux jours de fête, n'aimant que la « messe basse » dans le silence du sanctuaire et la « méditation pure » dans la solitude du cloître.

Essentiellement humain, Frère Gualbert comprend fort bien les besoins du cœur, ce qui fait du bien au peuple et aux enfants. Il sait que c'est par les sens qu'on arrive jusqu'à l'âme, que c'est en frappant fortement les jeunes imaginations qu'on fait naître des impressions durables et efficaces.

Aussi a-t-il toujours aimé les grandes solennités du culte public, les beaux offices, les chants populaires, tout ce qui agit sur les masses, les entraîne à l'église et les prosterne aux pieds des autels.

Ne conservons-nous pas tous au fond de notre cœur, comme un impérissable souvenir, l'idéale physionomie du Cher Frère Gualbert dans nos grands jours de fêtes religieuses ? C'est bien dans de telles circonstances que sa figure expressive revêt la plus belle harmonie, exprime la plus douce joie et exerce la plus irrésistible attraction.

Que de malédictions n'a-t-il pas lancées contre les jansénistes qu'il accuse d'avoir tué la religion, en détruisant, sous le prétexte d'épuration, les grandioses cérémonies du moyen âge !... Frère Gualbert possède un goût exquis pour discerner ce qui convient et ne convient pas dans une église.

Il a comme l'intuition de ce qui plaît à la masse des fidèles. Nos anciens n'ont pas oublié les nombreux morceaux qu'il a fait exécuter lui-même et qui ont laissé de si bons souvenirs.

A ce propos, laissez-moi vous citer une anecdote qui m'a bien amusé, et qui montre aussi combien sont durables les impressions de jeunesse.

Je me trouvais, un jour, dans une voiture publique, à côté du conducteur.

Il chantonnait tout le long de la route.

Savez-vous ce qu'il chantait ? des *Kyrie*, des *Gloria*, des *Quid retribuam... Calicem salutaris*, etc., etc., tout le répertoire des chants religieux de ses jeunes années.

Il me disait avoir fait plusieurs solos quand il était enfant.

Puis il ajoutait : « Ah ! on chantait bien de ce temps-là, Frère Gualbert était un maître homme pour exercer une messe en musique. »

C'était bien encore le bon temps ! Cet homme avait malheureusement oublié le chemin de l'église, et, comme ce rappel des choses passées ne lui semblait qu'un ressouvenir de pieuses habitudes qu'il croyait disparues de la société, il me regarda, avec une curiosité naïve, en me disant :

« Est-ce qu'à la messe, on chante toujours des *Kyrie* et des *Gloria ?* » Ma réponse affirmative parut lui faire plaisir. Il devint pensif et je le laissai à ses réflexions. Je constatais pourtant, avec bonheur, que le souvenir des chants pieux de son jeune âge, avait survécu aux ruines de ses croyances.

Frère Gualbert n'a jamais aimé les solos d'allure théâtrale. Il dit très judicieusement que si ces chants torturés peuvent plaire à quelques oreilles exercées, ils ne vont jamais jusqu'à l'âme du peuple.

Tout autre est l'effet que produit l'unisson puissant des masses.

Il a toujours rêvé des offices où les chants liturgiques soient exécutés par un grand nombre de voix, et avec une grande perfection.

Pour réaliser ce progrès dans l'église de Saint-Pourçain, il s'est fait l'architecte d'une restauration et l'un agrandissement de tribune, qui permet de réunir, aux grands jours de fêtes, les jeunes et les anciens élèves, et de chanter comme nulle part ailleurs.

Frère Gualbert n'est pas non plus ce qu'on appelle un « austère » ; c'est-à-dire un de ces hommes dont la piété, exempte de sentiments, exclue le cœur et la tendresse de leurs rapports avec Dieu, ne faisant appel dans leurs prières, qu'à la raison et à l'intelligence.

Notre cher Maître prie sans doute avec son esprit, mais il prie surtout avec son cœur.

Eminemment sensible, il pleure en face d'une manifestation religieuse ; et je ne serais pas étonné, qu'en ce moment même, il ait les yeux pleins de larmes.

« Tout le monde pleure ici, m'écrivait-il de Lourdes, et moi, pourtant si sec, du matin au soir, je pleure comme une *bête*. »

« Nous sommes si heureux auprès de la bonne Mère ! C'est véritablement un coin du ciel où la Vierge répand abondamment les ineffables douceurs de la béatitude. »

Ce voyage, pour lui, n'a pas été stérile. Il a donné naissance à notre jolie grotte devant laquelle nous aimons tant à chanter !

On peut dire que Frère Gualbert a eu la plus grande part à l'érection de ce monument de piété filiale.

Il en a conçu le plan ; il s'est usé les doigts à remuer et à choisir les pierres qui ont servi à l'édifier.

Et quand il se sentait bien las, et qu'il regardait ses mains déchirées : « Tant mieux ! disait-il, la « Bonne Mère » sera bien obligée de me recevoir après avoir tant peiné pour elle. » Cela nous montre le côté filial et naïf de sa mâle et solide piété.

Je veux clore cette considération du religieux par une révélation qui vous laissera à tous une grande espérance.

Frère Gualbert est Mariste par l'habit, mais il l'est surtout par le cœur. C'est plusieurs fois par jour qu'on le rencontre armé de son grand chapelet. A pleines mains, il effeuille des roses en l'honneur de la sainte Vierge ; il lui tresse des couronnes et, en retour, il demande pour nous tous, amis et anciens, une bonne place dans l'éternelle fête qui doit nous réunir un jour.

Mais il est temps de considérer Frère Gualbert comme « *éducateur* ».

Je regarde devant moi. Quel beau spectacle ! Quel ravissant coup d'œil vous présentez en ce moment ! Vous compter, chers amis, n'est-ce pas dire très éloquemment que celui qui a pu réunir autour de lui un si grand nombre de disciples n'est pas un maître ordinaire.

Dans le monde des éducateurs, vous me donnez le droit de l'affirmer aujourd'hui solennellement, Frère Gualbert tient une place d'honneur, une des premières.

Son influence a été considérable, son action profonde et bienfaisante. C'est une personnalité de marque douée à un haut degré de tout ce qui fait l'éducateur parfait : de cœur, d'intelligence et de caractère. Soyez fiers, jeunes gens, de porter son cachet, c'est un signe de bon aloi.

Pour celui qui sait voir et qui comprend, Dieu ! quelle supériorité vous donne votre esprit religieux, votre foi religieuse, sur la masse qui passe comme un troupeau, les yeux fixés à terre sans jamais regarder le ciel, que des maîtres homicides ont dépeuplé pour eux.

Marchez toujours dans la voie qu'il vous a tracée si souvent ; les principes solides qu'il a donnés comme fondement à votre éducation, feront votre sécurité et votre gloire.

Grâce à ces principes qui seront pour vous comme un fil conducteur, vous ne connaîtrez jamais les horreurs du doute ni les angoisses de l'impiété.

Plus heureux que ceux qui marchent au hasard de la route, sans se soucier ni du point de départ ni du point d'arrivée, les yeux fixés à l'horizon, vous avancerez, vous, les orientés de la vie, peut-être en trébuchant quelquefois, mais l'assurance d'atteindre le but vous donnera toujours la force de vaincre les résistances, de raffermir votre marche et d'aller en avant.

Vous êtes déjà légion dans le chemin de la foi ; et voilà que de tous les horizons les esprits sérieux, à la recherche de la vérité, vous arrivent en masse. Le temps n'est plus où il était de mode d'accueillir les questions religieuses avec le rire de Voltaire.

Sauf les énergumènes professionnels, les anticléricaux d'instinct, les irresponsables du crétinisme, les penseurs se gardent bien de traiter les questions d'âme avec le sans-gêne de certaines générations passées.

Le problème des choses divines les trouble ; et, spontanément, ils l'accueillent, l'étudient, en cherchent la solution. Un de nos grands esprits contemporains, un des plus brillants représentants de notre littérature, Melchior de Vogüé, s'écriait, il n'y a pas longtemps :

« On commence à entendre le bruit d'ailes de l'esprit nouveau.

« Bruit d'ailes dans la philosophie qui rougit de son abject matérialisme et déclare que le christianisme s'impose au respect et rend les plus hauts services à la pensée et à la philosophie.

« Bruit d'ailes dans le roman qui oublie ses vieux mépris pour le surnaturel, et qui, après avoir été enlisé dans les boues d'un abject réalisme, se relève, s'épure et marque, à chaque étape, dans ses représentants les plus autorisés, un pas en avant vers le respect des croyances catholiques.

« Bruit d'ailes dans le théâtre même, qui semble vouloir se purifier, en faisant acclamer, par un peuple de profanes, les figures du Christ Jésus, de Madeleine, de la Samaritaine, et transforme sa scène, pour quelques heures de mysticisme esthétique, en un prolongement de la chaire chrétienne.

« Oui, de toutes parts, se fait entendre le bruit d'ailes. L'Esprit n'est pas loin, et si le siècle qui se lève ne voit pas encore descendre les langues de feu de la nouvelle Pentecôte ; il verra du moins, espérons-le, les cieux s'ouvrir et recevra la colombe de paix et de joie, comme aux jours du Baptême de Jésus. »

N'est-ce pas glorieux pour notre foi et rassurant pour les timides, de voir les plus illustres représentants des lettres françaises prendre place dans nos rangs avec les meilleures dispositions. François Coppée publie partout, et avec bonheur, qu'il a retrouvé la foi de son jeune âge. Le récit qu'il nous a donné, dans *Bonne souffrance*, de son retour vers Dieu, est édifiant et sincère.

Jules Lemaître et Brunetière, les chefs illustres de la critique contemporaine, sont en pleine évolution.. Ils décrivent à grands pas une courbe rentrante. Ils sont des nôtres par le cœur, par le patriotisme, ils le seront demain par tous les articles de leur *Credo.* Ernest Lavisse, un universitaire de marque, fait cette déclaration dans le *Journal des Débats :* « Les esprits les plus divers donnent au sentiment religieux, dédaigné naguère, leur principale attention. La jeunesse actuelle n'est plus à l'impiété du siècle précédent. Elle revient par des voies diverses à Dieu et à l'Eglise de Dieu. »

Anatole France l'a dit aussi : « La jeunesse d'aujourd'hui n'est plus voltairienne. L'au-delà la tourmente, si bien qu'un de ses caractères actuels est la nostalgie du divin. »

L'amour de mon temps et ce grand désir d'une rénovation des idées religieuses, qui serait pour notre France le bonheur et la gloire, ont fait que je me suis attardé à vous multiplier les gages certains de nos patriotiques espérances et de notre futur relèvement, relèvement auquel notre vénéré maître aura largement coopéré dans sa sphère d'action et d'influence.

Il me reste à considérer la « personnalité » si intéressante de notre Cher Frère Gualbert.

N'en déplaise à sa modestie, il n'est point une représentation banale d'un type que l'on rencontre tous les jours, ou qui même tranche sur la masse.

C'est un original séduisant, et on chercherait en vain à qui il peut bien ressembler.

Il est lui, et c'est tout dire.

A une première entrevue, l'effet qu'il produit est particulier. Sa manière de dire les choses n'est pas ordinaire. Il frappe, et sa physionomie s'imprime en traits profonds qui ne s'effacent plus.

Tous ceux qui ont un peu vécu et qui ont observé les hommes, savent combien il est difficile d'en trouver qui s'écartent de la voie battue, qui aient des idées neuves et originales, qui pensent et jugent par eux-mêmes, trouvent dans leur esprit assez de force de pénétration et d'analyse pour dominer les jugements courants et se faire par eux-mêmes, par leurs observations, par des points de vue nouveaux, des idées propres et personnelles qui sont la caractéristique d'une intelligence créatrice.

L'originalité native, la franchise bourguignonne, la riche et féconde imagination, la facilité du verbe, donnent à notre cher Maître une attraction irrésistible.

Nous connaissons tous la célèbre allée circulaire qu'il a parcourue si souvent à grandes enjambées, en causant avec les chers anciens : c'est son *parloir* favori. Nous sommes heureux d'entendre son bon rire si particulier, si franc, d'écouter les bonnes vieilles histoires d'antan qu'il narre avec un charme dont il a le secret. Il lui arrive bien quelquefois de raconter les mêmes anecdotes, mais on peut dire de lui ce que Chateaubriand a dit du rossignol : Il charme toujours et ne se répète jamais, du moins servilement.

La bonne humeur, les gais propos, les saillies heureuses, les malices piquantes, ne lui font jamais défaut.

C'est un beau type de Français greffé sur un Gaulois. Il en a le sel et la vaillance.

Peut-on parler du Frère Gualbert et ne pas mentionner ses nombreux procès. Il en a eu, dit-on, plus d'une bonne douzaine. C'est beaucoup, n'est-ce pas ? Non ! puisqu'il n'a fait que soutenir ses intérêts lésés ou défendre ses droits méconnus.

Il y a quelques années, dans un petit cercle d'amis, on escomptait d'avance le succès d'un procès intenté bêtement au Cher Frère Gualbert. Le punch flambait tous les soirs dans un café connu. C'étaient des punchs abondants dont la flamme bleuâtre montait jusqu'au plafond.

Frère Gualbert devait entretenir ces feux de joie pendant un mois entier. Oh ! les belles soirées qu'on a passées, escomptant à l'avance les dommages intérêts qu'on allait réclamer.

L'affaire est portée à Gannat, et Frère Gualbert eut gain de cause dans ce fameux procès de veau qui coûta trois ou quatre cents francs à son naïf entrepreneur et qui a tant amusé la population. L'homme au punch ne riait plus : il avait vendu la peau de l'ours avant de l'avoir tué.

C'est de cette manière que se sont terminés la plupart des procès du Cher Frère Gualbert. Je dis la plupart, car les deux procès de fanfare qui ont eu tant de retentissement, lui ont valu deux condamnations à 5 francs et à 1 franc d'amende.

Je les mentionne ici parce qu'elles sont pour notre cher Maître des titres de gloire.

Il s'est fait le champion de la liberté. Il l'a défendue courageusement contre ses oppresseurs. Cette noble cause a toujours été la sienne. L'âge ne lui a rien pris de son énergie. Je ne jurerais pas que, libéral impénitent, il ne reprenne la lutte dès qu'il se retrouvera en face de quelque persécuteur de nos saintes libertés (1).

Je vous demande pardon, Messieurs et chers Amis, de vous entretenir si longtemps ; mais j'éprouve comme un besoin de terminer cette causerie par une réflexion religieuse que votre état d'âme actuel vous fera comprendre mieux que jamais.

Lorsqu'au soir d'un jour de fête, nous pénétrons dans une église toute parfumée de fleurs, d'encens et de prières, nous y éprouvons une impression délicieuse, un calme qui repose l'âme et la rend heureuse. C'est Dieu qui nous enveloppe et qui remplit cette solitude si douce aux cœurs chrétiens.

La prière, comme une céleste respiration, tombe de nos lèvres, les pensées religieuses nous envahissent et nous font heureux ; ce n'est qu'à regret que nous quittons cette atmosphère où tout est piété, recueillement, mystère.

Bien différentes sont les impressions que nous éprouvons en visitant un théâtre.

Combien triste est son aspect ! Comme le silence de la scène et le vide des places étreignent l'âme et la glacent !

(1) Cette prédiction, faite le 22 mai, a eu sa réalisation quelques semaines plus tard, mais cette fois-ci Frère Gualbert a été acquitté. Il vous le dira plus loin.

Il y a l'infini entre le vide du théâtre et la solitude de l'église.

Les salles de plaisir ne sont animées que par la présence de l'homme ; rien n'y reste quand il en est parti. La solitude de l'église est remplie par Dieu, toujours présent, toujours infini.

Le même phénomène se passe dans le temple de notre âme, au lendemain de nos fêtes.

Nos joies n'ont-elles été que profanes, nous éprouvons l'ennui, le dégoût, le vide pénible, glaçant des salles de théâtre désertes.

Sont-elles religieuses ? Nous conservons au fond de nos cœurs comme un parfum d'encens et de prière. Nous y retrouvons une solitude pleine de charme et où plane l'esprit de Dieu.

Jeunes gens, un des traits les plus caractéristiques du Frère Gualbert, c'est d'avoir su faire large la part du bon Dieu dans toutes nos fêtes. Il a horreur des réjouissances essentiellement profanes.

Conservons son esprit et faisons-le régner parmi nous ! Nos fêtes laisseront alors. comme celle d'aujourd'hui, un parfum céleste dans le temple de nos âmes, parfum qui, en nous inspirant le dégoût des choses mauvaises, nous donnera comme la nostalgie de notre patrie céleste.

Disons maintenant, dans l'union de nos voix et de nos cœurs :

Vive Dieu ! qui nous a réunis, et

Vive le Frère Gualbert ! !

Nous avons donné, comme sans interruption, la suite des discours et des toasts de ce jour et nous n'avons rien dit des réponses du jubilaire.

Et pourtant Frère Gualbert laissa-t-il jamais un discours sans réponse ? Il a été, tout le long du jour, magnifique de verve et d'entrain.

Il a fait face à tous les orateurs ; et, dans des improvisations originales et charmantes, il a répondu à tous, avec un merveilleux à-propos.

La soirée s'est écoulée rapide dans un esprit de famille excellent et au milieu de la plus franche gaîté. Tout le monde était si heureux qu'on ne parlait plus de s'en aller ; beaucoup de convives éloignés, qui avaient promis de rentrer à la nuit, se sont attardés d'un demi-tour de cadran.

M. Besson des Perratons a été si agréablement impressionné de cette fête, qu'il n'a pu s'empêcher d'en écrire longuement au Frère Gualbert. Sa lettre est fort belle ; elle est pleine de pensées très judicieuses et agréablement exprimées.

Je regrette beaucoup que l'abondance des matières ne me permette pas de vous la communiquer. Elle est longue et je n'ose la fragmenter.

Cependant pour vous donner un aperçu des idées philosophiques qu'elle contient et vous montrer la tournure d'esprit de son auteur, je veux vous citer la dernière page.

M. Besson, inspiré par la belle soirée que nous avons eue en ce jour de fête, dit au Frère Gualbert ce que devrait être le « soir », le « sommeil » et le « repos » dans les familles bien ordonnées.

Après avoir parlé du rôle de la musique dans le repos du soir, il ajoute :

« La vraie musique est sœur de la prière comme de la poésie. Son influence recueille et, en ramenant vers la source, rend aussitôt à l'âme la sève des sentiments et des élans généreux.

« Comme la prière et comme la poésie, avec lesquelles elle se confond, elle ramène vers le ciel, lieu de repos.

« Mais nous, nous avons trouvé le moyen d'ôter presque toujours à la musique son caractère sacré, son sens cordial et intellectuel pour en faire un exercice d'adresse, un prodige de vélocité et un brillant tapage qui ne repose pas même les nerfs, loin de reposer l'âme. »

Monsieur Besson, en parlant du repos, ajoute sous forme de conseils :

« Faites en sorte que l'interruption du travail soit vraiment le repos. Allez des vaines et vides figures qu'ont conservées nos habitudes, aux solides et réconfortantes réalités.

« Que le repos du soir soit un commerce d'esprit et d'âme, un effort commun vers le vrai par quelque facile étude des sciences, vers le beau par les arts, vers l'amour de Dieu et des hommes par la prière.

« Donnez des germes de lumière et de saintes émotions au sommeil qui va survenir : Dieu même les cultivera dans l'âme de son fils endormi.

« C'est ainsi, n'est-ce pas, mon cher Frère Gualbert, qu'une vie bien ordonnée consacrerait le soir ?

« Elle consacrerait aussi la fin de chaque semaine par un repos sacré et par un jour de Communion des âmes en Dieu.

« Une vie bien ordonnée consacrerait aussi la fin de chaque année par un repos réparateur, une espèce de retraite où l'âme puiserait de nouvelles énergies qui doubleraient la fécondité de travail de l'année suivante.

« Se retremper dans le spectacle de la nature, dans la lumière des arts, dans le commerce des grands esprits par la lecture, dans les pèlerinages vers les absents, dans les amitiés saintes, dans les ligues sacrées pour le bien, et puis enfin dans quelques jours de sévère solitude, en face de Dieu, tout seul, ne serait-ce pas là le repos d'une vie bien ordonnée ?

« J'ai compris avec vous, mon Très Cher Frère Gualbert, que l'homme devrait consacrer son automne à Dieu, à la charité pour les hommes, au côté substantiel de la science, aux espérances précises du ciel, au recueillement vrai en Dieu, c'est-à-dire à cet unique travail que l'oracle imposait à Socrate dans sa prison pendant les quelques jours qui le séparaient de la mort, lorsqu'il lui dit ce mot, que nous ne savons pas traduire : « Ne faites plus que de la musique », mot qui doit signifier qu'il faut finir sa vie dans l' « Harmonie sacrée ».

La Chapelle

Elle se dresse souriante dans sa robe blanche et rose, là où il y a moins de dix mois, ne s'élevaient que des bosquets au feuillage naissant.

Les passants étonnés s'arrêtent au portail pour la considérer.

Comme elle va surprendre agréablement ceux qui ne l'ont pas vue naître ni grandir !

Tout le monde la trouve jolie. C'est qu'elle est fort coquette notre chapelle ! Elle lutte de hauteur avec le clocher de notre église.

Le campanile qui la couronne, domine toute la ville. De toutes les directions on le voit apparaître, dans sa blancheur éclatante, surmonté de la croix.

On fait la voûte en ce moment : les plâtriers, Folgheira, chargés des travaux, auront fini avant trois semaines. Il ne restera plus que le crépissage et le carrelage. On peut donc, dès à présent, affirmer que nous pourrons y célébrer notre prochaine fête des Anciens, fixée au lundi de la Pentecôte.

Je crois pouvoir vous annoncer que Mgr l'Evêque de Moulins viendra lui-même bénir la chapelle et présider notre réunion.

Il nous a fait cette promesse à son dernier passage à Saint-Pourçain.

C'est vous dire que vous devez faire les plus grands efforts pour être aussi nombreux que possible, afin que cette belle cérémonie soit le digne pendant de l'inoubliable fête des « Noces d'or » du 22 mai dernier.

Comment, du reste, résister au désir de voir cette chapelle qui est la vôtre et à la construction de laquelle vous avez tous contribué.

Frère Gualbert, rajeuni depuis la célébration de son « cinquantenaire », vous attend avec impatience. Il veut tous vous voir et vous entendre chanter sous la belle voûte du nouveau sanctuaire.

Chers anciens et chers amis, laissez-moi maintenant vous donner quelques petits détails relatifs à notre état de caisse et aux travaux de la chapelle.

Ils pourront intéresser quelques familles ; et, plus tard, ils serviront à l'histoire de cette maison.

Nos successeurs, appelés à jouir de nos œuvres, seront heureux de savoir comment elles ont été créées.

L'architecte est M. Chalvon, de Clermont, rue de Randon, 1. Nous en sommes très satisfaits. Il a compris notre situation ; et, tout en faisant joli, il n'a pas oublié que nos fonds n'étaient pas abondants. Son œuvre, d'un genre simple, est d'un goût excellent.

Pourtant, et comme malgré nous, nous avons été entraînés bien au-delà de nos prévisions ; mais en cela, l'architecte n'est pas à blâmer.

Ce sont des modifications, des embellissements et même des choses non prévues (comme la tribune, reconnue indispensable), et dans le détail desquels nous ne pouvons entrer ici, mais que vous auriez tous approuvés si on vous les avait soumis.

Vous aurez donc une belle et grande chapelle. Quand nous y serons tous réunis, nous ne regretterons nullement les sacrifices qu'elle nous aura coûtés.

Voici, en deux mots, la situation résumée :

Dépenses totales : 33,000 francs.

Sommes reçues ou à recevoir : 21,000 francs.

Nous avons donc un passif de 12,000 francs.

Ce chiffre n'est pas effrayant puisque nous pouvons mettre deux ou trois ans pour nous acquitter complètement.

Je profite quand même de cette occasion qui m'est donnée de parler de notre chapelle, pour prier les personnes « généreuses » de nous faire une part dans leurs bonnes œuvres.

Je demande aussi à tous nos amis et à tous les bienfaiteurs de notre chapelle de vouloir bien considérer l'envoi de cette brochure comme une invitation officielle à la bénédiction du lundi de la Pentecôte.

Et maintenant, je reviens aux travaux et aux ouvriers qui les ont exécutés.

Les principaux entrepreneurs sont MM. Eugène Moreau pour la maçonnerie et Jean-Baptiste Mitton pour la pierre de taille. L'un et l'autre se sont montrés à la hauteur de leur entreprise. La plus grande partie des pierres a été taillée par M. Gilbert Mitton. Il lit très bien un dessin et trace ses épures sans hésitation. Il a fait preuve d'une grande habileté. Nous lui faisons tous nos compliments.

Nos compliments aussi aux Lourdin frères qui ont eu une grande part dans nos travaux de maçonnerie. Ils sont actifs et leur travail ne laisse rien à désirer.

La charpente a été entreprise par M. Paul Dubreuil. Il a fait avec goût un très beau travail.

La voûte de la chapelle, toute en bois, bien que s'écartant des travaux usuels, ne l'a pas embarrassé un instant.

M. Chalvon l'a trouvé fort pour une petite ville de province.

Un Engagement.

Beaucoup de personnes très attachées à l'église et très satisfaites des beaux offices que nous y avons, se demandent si notre chapelle n'aura pas pour effet de supprimer notre assistance aux offices paroissiaux.

Je tiens à leur dire que nous ne changerons en rien notre manière de faire.

Heureux de contribuer à la solennité des offices, à l'exécution du chant, de faire en un mot œuvre de zèle apostolique et de favoriser ainsi l'assistance à la messe, nous nous ferons un devoir strict de rester toujours les auxiliaires de nos pasteurs et de remplir le mieux possible la mission qui nous a été dévolue.

Nos Succès

Le bon Dieu nous a bénis d'une manière toute particulière. Nous avons présenté, dans le cours de cette année scolaire, 26 élèves à divers examens.

Ils ont tous réussi ; en voici la liste :

Brevet élémentaire

MM. François DÉVERNE, de Chazeuil ; Hippolyte CHEVALIER, de Saint-Pourçain ; Émile THÉ, de Vichy.

Diplôme de Pharmacien

MM. Hippolyte MENTEUR, de Saint-Pourçain ; Antoine GAUMY, de Rochefort ; François DÉVERNE.

Baccalauréat moderne
(2e partie lettres-mathématiques)

MM. Emmanuel Greffier, mention bien ; Philippe Sarrot, de Lyon ; Marcel Martel, de Venteuil ; Gilbert Giraudin, de Saint-Pourçain.

Diplôme d'Agriculture
(délivré à Moulins par la Société d'Agriculture de l'Allier)

MM. J.-B. Jutier, de Saulcet, mention très-bien ; J.-B. Admirand, de Saulcet, mention bien ; A. Girodin, de Monétay, mention bien ; A. Dujon, de Beaune, mention bien ; M. Minot, de Contigny, mention bien ; A. Boissonnet, de Saint-Germain, mention bien ; J. Tuloup, de Varennes, mention bien ; E. Béchonnet, de Marcenat, mention bien ; L. Marquet, de Saint-Pourçain, mention bien ; J. Boulignat, de Saint-Pourçain ; L. Dupuy, du Theil ; J. Prelle, du Donjon ; L. Olivier, de Cressanges ; J. Parret, de Beaune ; P. Fondrat, de Jenzat ; C. Bernard, de Bourbon.

Je crois être agréable aux plus jeunes des Anciens en leur donnant quelques détails sur les sortants qu'ils ont eus comme condisciples et principalement sur ceux qui sont appelés à continuer leurs études.

Philippe Sarrot a choisi la voie des mathématiques. Il postule pour l'école Polytechnique. Pour s'y préparer, il est, depuis la rentrée des classes, à l'Ecole Sainte-Geneviève de Paris, dirigée par les R. P. Jésuites.

Il y fait très bonne figure et représente honorablement le Pensionnat Saint-Joseph.

Emmanuel Greffier s'est laissé séduire par la musique. Il l'a trop fréquentée depuis sa jeunesse pour avoir su résister à ses charmes.

Bien que par ses facultés, il ait pu facilement préparer son entrée à l'une de nos grandes écoles, il a préféré suivre ses inclinations musicales. Depuis le commencement de janvier, il est à Paris à la « Schola Cantorum » où professent les Maîtres de la musique et les organistes les plus distingués de la capitale.

Jusqu'à présent, il ne regrette pas du tout sa détermination.

Marcel MARTEL est en voie de devenir pharmacien. Il est en ce moment élève dans une pharmacie de Saint-Pourçain. Il vient nous voir quelquefois et se dit très content de sa nouvelle situation.

François DÉVERNE et Antoine GAUMY, chacun dans sa localité, suivent la même carrière.

Gilbert GIRAUDIN continue ses études avec la constance, le calme et l'esprit sérieux que vous lui connaissez. C'est une tête de philosophe. Le but choisi, il y tend sans défaillance et avec une indéfectible volonté.

Emile THÉ, que vous avez tous connu, nous a quittés cette année, après son succès de Paris. Il est parti les yeux pleins de larmes, nous donnant ainsi une preuve touchante de son filial attachement. Du reste, il n'est pas le seul qui nous ait quittés en pleurant. Le séjour au Pensionnat Saint-Joseph ne laisse que de doux souvenirs à nos bons élèves.

Emile a trouvé une bonne place dans la grande pastillerie de Vichy. Il travaille dans les bureaux, où, paraît-il, il n'arrive jamais en retard. C'est bien le cas de s'écrier : *« Quantum mutatus ab illo ! »*

Joseph Roy s'est choisi une très bonne carrière; il est resté dans sa famille pour faire de l'agriculture pratique.

Près de son grand père, l'honorable M. Sanselme, maire de Saint-Bonnet-de-Rochefort depuis plus de trente ans, il est à bonne école pour apprendre à mener à bien une exploitation agricole ; et, ce qui est mieux encore, pour réaliser en lui le type accompli du bon citoyen et du bon chrétien.

Pour compléter cette liste, je dois vous dire aussi ce que sont devenus quelques professeurs que certains d'entre vous ont beaucoup connus.

Frère Floride est dans le midi depuis les vacances dernières. Il est allé fonder un Pensionnat à Valence d'Agen, dans le Tarn-et-Garonne. Il m'écrit qu'il est déjà à moitié gascon.

Frère Jean-Augustin est toujours à Vic-le-Comte. Nous le voyons de temps en temps. Bien qu'acclimaté dans ce beau pays d'Auvergne, il n'oublie pas Saint-Pourçain ni ses élèves.

Frère Isidore-Régis, qui a eu une si grande part à tous nos succès, a été envoyé dans le midi pour des raisons de santé. Il est à la tête de la maison de Mazamet (Tarn). Confrère charmant, professeur distingué, il n'a laissé ici que de bons souvenirs. Nous faisons des vœux pour son rétablissement et son retour parmi nous.

CHERS AMIS ET CHERS ANCIENS,

J'aurais bien voulu continuer avec vous cette causerie et vous parler de la Passion que nous avons jouée avec un si grand succès ; de la distribution des prix, présidée par M. l'abbé Crison, vicaire général, et où M⁰ Monicat a prononcé un si beau discours ; de la Confirmation où Sa Grandeur a félicité notre vénéré Jubilaire et nous a promis de bénir notre Chapelle ; de tant d'autres événements dont le récit eût été agréable aux jeunes générations, mais nous avons déjà dépassé les limites que nous voulons donner aux « Echos du Pensionnat ».

Je cède la plume au Cher Frère Gualbert, en vous adressant mes plus affectueuses salutations.

F. ADORATOR.

DEUXIÈME PARTIE

———

Très Chers Anciens Elèves,

Il revenait de droit à Frère Adorator de vous rappeler mes *Noces d'or* : c'est lui qui vous avait conviés à cette fête de famille, et c'est lui qui l'avait préparée dans tous les détails, mettant à la fois dans cette préparation et tout son cœur de religieux, de bon confrère, et tout son talent d'organisation. Personne mieux que lui ne pouvait donc vous faire le récit intéressant que vous venez de lire.

Cependant, il me reste à cet égard un devoir à remplir et auquel je ne saurais manquer : c'est celui de vous remercier tous de la grande part qui vous revient dans l'éclat de cette belle journée.

Vous êtes accourus nombreux, nombreux au delà de toute attente, et quelques-uns de très loin, pour orner de votre présence cette fête de la *cinquantième année de vie religieuse* de votre vieux maître.

Et votre présence était bien le plus beau bouquet, le spectacle le plus grandiose et le plus touchant pour mon cœur ! Que sont les guirlandes, les fleurs, les compliments les plus flatteurs en présence de cinq cents cœurs qui battent à l'unisson durant une longue journée d'été, sans qu'une seule note discordante se produise ?

Aussi ce témoignage de votre amitié restera-t-il inoubliable pour moi : son souvenir qui est le souvenir même que je garde de vous tous, est bien fait pour rendre l'horizon abaissé de ma vie aussi gracieux que celui qui nous semblait sans fin et tout parsemé de fleurs, au printemps de notre âge.

Donc, chers Anciens Elèves, et vous nos amis si nombreux qui, chacun à votre façon, avez contribué à cette manifestation touchante et si pleine d'entrain, à vous tous, *Merci !*

Merci ! de toute l'effusion de mon âme, et de votre présence, et des lettres charmantes que m'ont adressées les absents, et des compliments, des nombreux toasts à mon adresse, et des précieuses pierres que tous, selon vos moyens et vos forces, vous avez expédiées ou apportées ici pour élever une chapelle qui restera là comme un souvenir impérissable de votre cœur aussi bon que généreux.

Cette chapelle, dont l'intérieur s'achève, domine toutes les maisons de Saint-Pourçain, ainsi que vous le dit Frère Adorator. Et ne le fallait-il pas ? Oui, il le fallait, afin que vous la saluiez comme le signe du ralliement, de quelque route que vous nous reveniez au jour solennel de la bénédiction, qu'on lui réserve à l'occasion de la prochaine réunion de nos Anciens.

A cette réunion, retrouvons-nous tous encore, même les absents empêchés l'an passé, pour fêter avec non moins d'enthousiasme l'anniversaire d'un beau jour.

Le bon Dieu a témoigné dans plus d'une circonstance qu'il renouvelle ses faveurs à qui sait l'en remercier.

Soyons donc encore cinq cents pour recevoir les faveurs célestes et chanter, dans ce sanctuaire édifié par votre générosité, un *Te Deum* d'action de grâces, comme il ne lui sera donné que rarement d'entendre le pareil.

L'année fin de siècle.

Le compte rendu de mes Noces d'or devrait suffire cette année pour composer la brochure à nos Anciens Elèves.

Et cependant ce n'est pas assez pour me permettre de causer avec vous. Notre revue habituelle de l'année, si succincte, si rapide qu'elle puisse être, nous rappelle ces jours déjà loin pour un grand nombre, où nous aimions, entre deux leçons sérieuses et comme délassement, faire de l'histoire contemporaine. Or, cette année fin de siècle a été féconde en événements qui, bien que connus de vous tous, méritent d'être rappelés.

Le dreyfusisme.

Je vous disais, il y a un an, page 32 : « L'affaire Dreyfus est une anguille sous roche qui fait sursauter la roche elle-même... »

Cette anguille cachée, nos plus grands maîtres dans l'art d'observer et d'écrire, et parmi eux, les François Coppée, les Jules Lemaître, d'anciens ministres des plus remarquables... l'ont nommée par son nom. C'est, ont-ils dit, en appuyant leur dire sur des preuves certaines, cette *société secrète et cosmopolite* à laquelle il faut attribuer la démission présidentielle encore inexpliquée de Casimir-Périer ; la mort mystérieuse de Félix Faure ; la grâce d'un traître deux fois proclamé coupable ; l'emprisonnement ou l'exil de patriotes avérés ; les poursuites contre les religieux rédacteurs de la *Croix de Paris*, la prison préventive durant 152 jours d'un Frère accusé d'un assassinat à lui imputé sans nulle preuve ; puis la demande, reprise sous différentes formes, de réduire à l'état de parias tous les Français élevés en dehors des officines universitaires...

Et ces Français étant la bonne moitié de la nation, c'était bien ainsi la France coupée en deux pour la réduire à l'impuissance.

Le dreyfusisme n'est donc qu'une des nombreuses machinations employées par les ennemis de la France dans le but de la diviser, de l'isoler, d'amoindrir le prestige de son nom, de la détruire enfin à une heure qu'ils désignent déjà sans plus de gêne.

Aussi le dreyfusisme a-t-il été exploité par nos ennemis voisins avec un ensemble, une fureur qui tenait du délire.

Et il faut croire qu'il y a bien du mal de fait pour que nos hommes les plus éminents, en dehors de tout parti, aient créé la *Ligue de la Patrie française*... Pour qu'un homme de la valeur de Méline se soit écrié dans un discours public : « Nous allons à l'abime les yeux bandés... » Pour qu'un général Mercier écrive dans sa profession de foi sénatoriale : « Ce n'est pas au moment où la maison brûle qu'il convient de discuter sur les conditions dans lesquelles on la réparera. Il faut, avant tout, ajoute-t-il, combattre l'incendie... »

Le Frère Flamidien

Et tandis qu'à la faveur des ténèbres, la secte maçonnique et antifrançaise creusait cet abime et que des mains criminelles allumaient l'incendie, l'affaire Flamidien était lancée avec fracas pour détourner l'attention du bon peuple.

La ville de Lille convenait comme aucune pour perpétrer le scandale décrété dans les loges : les écoles religieuses y sont nombreuses, et le parti socialiste vendu à la franc-maçonnerie, et qui détient le pouvoir municipal de cette ville de deux cent mille âmes, est audacieux et méchant, là comme nulle part ailleurs.

Le coup monté

Le Supérieur des Frères de la rue de la Monnaie était prévenu depuis plusieurs semaines qu'un horrible complot s'ourdissait contre les écoles des Frères en général, et contre sa maison en particulier. Il ne comprit bien cet avertissement que le matin du mardi 7 février, quand le portier vint l'informer que le cadavre d'un élève externe, disparu depuis le soir du dimanche, avait été déposé dans un des parloirs pendant la nuit. Il s'agissait, en effet, de mettre sur le compte des Frères le meurtre de cet enfant.

La maison de l'école avait été fouillée minutieusement et le dimanche soir par les parents et amis de l'enfant, et le lundi par la police ; il était donc de toute évidence qu'il fallait chercher le coupable en dehors de l'Etablissement des Frères. Mais c'était *un coup monté*, et ce raisonnement si naturel fut écarté pour arriver au scandale cherché.

Alors commença la monumentale instruction du juge Delalé qui, après cinq mois d'efforts pour trouver du sang sur une soutane, aboutit piteusement à un *non-lieu*. C'était pour les magistrats enquêteurs et pour la presse infâme qu'ils avaient remorquée, le plus retentissant camouflet que puisse recevoir une joue humaine.

Mais pendant ces cinq mois de la détention préventive du professeur de l'enfant assassiné, tous les journaux au service de la franc-maçonnerie avaient couvert d'ordures et ce Frère et tout le corps religieux enseignant, Des chansons infamantes, des complaintes boueuses étaient chantées, colportées dans toute la France, dans toutes les foires des campagnes mêmes. Et nous avons vu un repris de justice venir, de Moulins, les vendre, les chanter dans nos rues, sans que M. Verne, notre maire, ait voulu l'empêcher. Il fut nécessaire que deux de nos anciens élèves priassent les gendarmes de faire filer le misérable en rupture de ban. N'est-ce pas à croire que la musique de ce vaurien plaît autrement à M. Verne que celle de notre Pensionnat ?

Le but maçonnique était donc atteint à demi. Pour qu'il le fût en totalité, il aurait fallu que le professeur de la victime perdît la tête comme les comploteurs avaient pu l'espérer, tant en raison des tortures d'un autre temps auxquelles il fut soumis, qu'en raison de son tempérament délicat et nerveux.

Car autrement, malgré tous les efforts des juges enquêteurs de Lille, durant 152 jours, on pouvait s'attendre pour l'honneur de la justice, que la cour de Douai, en double chambre réunies à cet effet, reconnaîtrait que l'enfant n'avait été étranglé que le lundi après un copieux repas ; qu'il avait été apporté du dehors chez les Frères; dans la nuit du lundi au mardi ; et que le Frère Flamidien ne pouvait être le coupable, ayant d'ailleurs fourni l'emploi de son temps de cinq heures à dix heures, le soir de la disparition de l'enfant.

La liberté de l'enseignement

Ce scandale de Lille devait avoir aussi pour motif de préparer l'opinion publique à l'étranglement de la liberté de l'enseignement, étranglement demandé en même temps à la Chambre des députés. Ainsi l'avaient décidé les loges : il fallait un grand crime, un grand scandale clérical pour frapper un grand coup.

Et voilà que par un hasard qui semble providentiel, le corps enseignant universitaire a recueilli à son actif, cette même année, une série de crimes aussi effrayants, aussi répugnants par leur nature que par leur nombre.

A Clermont-Ferrand, un élève de l'école Normale tue par jalousie à coups de couteau un de ses condisciples.

A Lyon, un sous-maître, ancien normalien distingué de la Drôme, vient commettre un triple assassinat; et parmi les victimes, son propre élève. Puis, aux juges qui l'interrogent, il déclare cyniquement qu'il aurait tué encore les deux plus jeunes enfants de cette famille, s'il avait soupçonné que son triple crime leur était connu.

Et n'a-t-on pas vu jusqu'à une institutrice laïque qui est allée se faire pendre à Londres où peut-être elle avait espéré dissimuler plus aisément et sa conduite et son meurtre ?

Mais c'est assez ; c'est trop déjà pour ces énormes scandales sur lesquels la presse franc-maçonne garde un prudent silence.

En Justice de paix

Oui, laissons de côté ces défaillances que la morale sans Dieu ne peut que rendre plus nombreuses encore, et causons de Saint-Pourçain.

Un grand nombre de nos Anciens, à l'occasion de mes Noces d'or voulaient faire le tour de la ville en musique. Cette idée lancée vers quatre heures du soir avait groupé aussitôt quatre-vingts musiciens. Cette musique suivie de quatre cents Anciens Elèves et amis, n'aurait pas offert un coup d'œil banal, c'est vrai.

Mais les méchantes langues n'auraient pas manqué d'attribuer à tout autre esprit qu'à celui de l'enthousiasme, cette manifestation spontanée. Aussi le conseil de la prudence dut prévaloir sur celui de l'enthousiasme.

Il n'en fut pas de même à la sortie de la grand'messe du dimanche de la Fête-Dieu. Les instruments étaient aussi électrisés que les musiciens, et nos nombreux élèves rentraient comme en triomphe à la Pension, au son d'un pas redoublé enlevé comme jamais.

Le commissaire, que vous connaissez tous pour un homme pas méchant du tout, reçut bien vite de notre maire qui ne supporte pas la bonne musique, l'ordre de venir verbaliser contre nous.

Et c'est ainsi que, pour la troisième fois, je dus comparaître en justice de paix, puisque c'était la troisième fois que je revenais à ce péché mignon de désobéissance aux arrêtés de M. le maire.

J'ai pensé, chers Anciens, vous être agréable en vous donnant et la défense de M. Roussat, qui a contribué pour une grosse part à mon acquittement, et la mienne aussi qui manque absolument de contrition, il me semble.

Après ces deux défenses, il est grand dommage que nous ne puissions pas vous donner le plaidoyer de Mᵉ Monicat, du barreau de Moulins. Pendant trois quarts d'heure, il a captivé la nombreuse assistance par le charme de sa parole persuasive et harmonieuse, et le pauvre adjoint Martin, qui faisait fonction de ministère public, a passé un mauvais quart d'heure sous les coups de verge de l'habile avocat, pour avoir osé attaquer l'éducation donnée aux enfants dans les maisons religieuses.

Aussi, aurait-il dit, en sortant tout ému, de la salle d'audience : « Une autre fois, moi aussi, je prendrai un avocat pour me défendre… ». Pauvre Martin !

« La parole est à M. Roussat Antoine, déclare le juge de paix après les formalités d'usage, et il est prié de rester dans la question qui le concerne… »

(Ce que M. Roussat savait à l'avance, vous allez le voir).

Monsieur le Juge de paix,

Vous vous défiez de mes paroles. On vous a dit sans doute que j'étais un factieux, cherchant à tranformer le banc des accusés en tribune de réunion publique. Permettez-moi de vous rassurer. S'il m'est arrivé, lors d'un procès analogue qui se déroula ici, il y a plus de deux ans, de m'offrir quelques digressions, cela tient à diverses raisons que je vais exposer pour dissiper vos préventions contre moi.

D'abord l'insuffisance du juge qui présida ces débats ; insuffisance dont j'excuse les causes : âge et maladie, mais insuffisance quand même, puisqu'elle nécessita une démission au lendemain de notre procès. Alors pourquoi discuter à fond une question qu'on était incapable de trancher ?

Il valait mieux, à mon sens, administrer les étrivières aux seuls coupables : MM. les conseillers municipaux, qui, conduits par un chef digne d'eux, abusent du pouvoir, pour nous persécuter hypocritement à cause de nos croyances religieuses.

Ils ont beau s'en défendre, l'arrêté municipal, cause de tous nos procès de musique, a été pris uniquement en exécution des ordres de la franc-maçonnerie qui régit plus ou moins ouvertement notre pauvre pays.

Cette opinion vous semble exagérée, peut-être ? Ecoutez ce qu'écrit dans un beau livre récemment publié, un des maîtres du barreau français contemporain, Emile de Saint-Auban : « En notre doux pays discipliné par les maçons, la musique n'est légitime qu'autant qu'elle est radicale. La fausse note y est permise ; mais la note chrétienne, c'est-à-dire la note profane, y est sévèrement punie. Si les maître-chanteurs légendaires, au lieu d'habiter, loin de nous, la vieille Nuremberg gothique, avaient le malheur d'habiter nos chefs-lieux d'arrondissement, les conseils municipaux leur donneraient de la tablature : Nos épiciers, nos cordonniers, nos tailleurs, nos boulangers, ne peuvent, sans une ribambelle d'autorisations, souffler la moindre *Marseillaise* : jugez comme on les traite lorsque fantaisie les prend de souffler un morceau religieux ! Après dix révolutions, combien en faudra-t-il d'autres pour arriver à proclamer les Droits de l'homme et du musicien. » (*Le silence et le secret*, pages 47, 48.)

Les droits du musicien ! Ils ne sont pas grands à Saint-Pourçain, pour ceux qui, comme moi, sont à la fois catholiques et musiciens. Le ministère public, M. l'adjoint Martin, nous surveille d'un œil féroce ; mais, à l'encontre du colonel Ramollot qui n'entendait pas que les musiciens du régiment perdissent leur temps à compter des mesures, lui ne nous tolère que les silences ! A la moindre note, il nous fait dresser contravention.

Et cependant la pudeur la plus élémentaire lui commanderait de s'abstenir en ces questions.

Il faut que vous sachiez, M. le Juge de paix, la part active qui revient à ce magistrat dans les mesures d'oppressions qui nous amènent aujourd'hui devant vous.

C'est lui qui, le premier, déchira le voile des diplomaties hypocrites, en me refusant, en novembre 94, la permission de jouer. Pour quelle raison ? parce que *ça lui faisait plaisir*. Je sais qu'il est de bon ton, dans certains milieux dégénérés, de sourire de pareilles atteintes à la dignité civique. Pour moi, démocrate convaincu, je rappelai aux convenances ce magistrat d'un autre âge, par une campagne de presse qui, bien que violente, ne fut pas illégale puisqu'elle ne fut pas poursuivie.

J'ai donc le droit de suspecter l'impartialité du ministère public à mon endroit. J'estime que, comme son homonyme de la fable, sous la peau du lion, M. l'adjoint Martin montre trop sous l'écharpe officielle du représentant de la loi, le bout de son oreille rougie par les frottées littéraires que je lui administrai...

J'aborderai maintenant le procès actuel, et, je le dis sincèrement, c'est avec confiance que je viens soumettre à votre compétence juridique, non pas la contravention relevée contre le Frère Gualbert et contre moi, par le procès-verbal, contravention que nous reconnaissons volontiers, mais la question de responsabilité qui en découle.

Je n'apporterai pas dans cette discussion, mes connaissances en droit, à peu près aussi nulles, hélas ! que celles du ministère public, mais j'y mettrai ma bonne foi et mon bon sens.

Les contrevenants constituent deux personnalités bien distinctes :

le Directeur de la Pension des Frères Maristes de Saint-Pourçain, qui dirige les études musicales au même titre que les autres branches de l'enseignement distribué dans sa maison ; et votre serviteur, professeur de musique, qui exerce sa profession au pensionnat, sous la responsabilité légale et effective du Directeur.

Or, j'estime que nos situations respectives en face de l'arrêté municipal en question sont telles, que la condamnation de l'un entraîne logiquement l'acquittement de l'autre. En effet, si vous condamnez le Frère Gualbert qui, lui, n'a pas joué, qui, par conséquent, ne tombe pas directement sous le coup de l'arrêté, c'est qu'alors, vous le jugez responsable d'une musique qui, en définitive, est la sienne, puisqu'elle n'aurait pas joué sans son consentement ; et, dans ce cas, au nom de quelle responsabilité de second ordre m'atteignez-vous ?

Si, au contraire, vous me condamnez pour avoir joué et fait jouer sans permission, comment condamner aussi le Frère Gualbert qui lui, encore une fois, n'a ni joué ni fait jouer, au sens strict des mots. Il n'y a donc qu'un coupable. Lequel de nous deux ? je laisse à votre compétence professionnelle, devant laquelle je m'incline, le soin de résoudre cette question.

On a comparé notre cas à celui où sont en jeu un ouvrier voiturier voyageant la nuit, sans lanterne, et son patron. Cette question m'est assez familière. Mon père a eu des ouvriers voituriers pendant plus de dix ans, et dans toutes les contraventions de ce genre, l'ouvrier fut condamné seul pour la contravention, le patron n'intervenant que comme civilement responsable ; mais je ne crois pas la comparaison absolument exacte : l'ouvrier sait pertinemment qu'il est en contravention, l'absence de lanterne est visible à tout le monde. Dans notre cas, du moment que l'action de jouer ne constitue pas en elle-même le délit, c'est tout bonnement une question de permission qu'on a ou qu'on n'a pas. Or, je dois vous dire, que je n'ai jamais songé à questionner le Frère Gualbert à ce sujet. Je vous préviens en outre que je ne le questionnerai pas davantage à l'avenir, en pareil cas. En effet, quelle que soit la situation du Frère Directeur vis-à-vis de l'arrêté municipal de juillet 1894, c'est toujours, pour moi, une occasion de bonheur de jouer quand il me l'ordonne. Indépendamment du plaisir légitime que j'éprouve à faire jouer des élèves dont je suis fier, si c'est avec la permission de M. le Maire, je me réjouis de voir se clore l'ère des persécutions mesquines, qui n'aurait jamais dû s'ouvrir ; si c'est sans permission, eh bien ! je me réjouis de protester d'une manière bruyante autant qu'inoffensive contre un arrêté que j'appelle un arrêté de bon plaisir. Un arrêté de bon plaisir : c'est la phrase que nos petites annales saint-pourcinoises retiendront de toute cette affaire. Aussi, je viens vous proposer un exemple digne d'être imité. Les journaux nous racontèrent, il y a quelques mois, une histoire touchante. Un magistrat, un juge de paix, avait vu comparaître devant lui une femme, une mère, qui avait volé du pain pour elle et pour son enfant. Le Code la condamnait cette femme. Mais le juge se souvint qu'au-dessus des Codes, que tant de passions, politiques ou autres, altèrent à leur gré, il y a quelque chose de plus élevé : le droit. Pour tout homme, le droit à la vie ; pour tout citoyen, le droit à la liberté, et, je viens vous proposer un arrêt d'acquittement qui fasse comprendre à nos pitres municipaux, que leurs règlements vexatoires sont proscrits dans une démocratie qui arbore à tout propos la devise tricolore : Liberté, Egalité, Fraternité.

A. ROUSSAT.

Frère Gualbert, invité à son tour à s'expliquer, s'exécute d'assez bonne grâce, m'a-t-on dit. Vous allez en juger à votre tour.

MONSIEUR LE JUGE DE PAIX,

J'éprouve aujourd'hui une bien légitime fierté en venant ici, pour la troisième fois, défendre mes droits à la liberté et plaider contre des magistrats qui m'oppriment sans raison.

Et de fait ; qui, à ma place, ne serait pas honoré du rôle que je remplis dans cette mise en scène, le beau rôle de revendiquer au profit de tous et de chacun, les grands principes de liberté et d'égalité, inscrits en première page dans la Constitution de notre beau pays de France ?

Je vous prie donc, M. le Juge de paix, de m'accorder, pour quelques minutes, votre bienveillante attention. J'en profiterai pour me justifier, s'il se peut, de la contravention qui m'amène à ce prétoire ; et aussi pour éclairer la conscience de ceux, même parmi nos amis, qui restent étonnés de ma persistance à faire jouer dans les rues, et en dépit de l'opposition municipale, la fanfare de la pension dont je suis le directeur titulaire.

Tout d'abord, on m'accuse d'avoir une fanfare non autorisée.

Déjà deux fois dans cette salle, j'ai porté le défi au Ministère public de soutenir cette accusation derrière laquelle le conseil municipal, son maire en tête, se retranche en toutes circonstances, pour s'autoriser de ses procédés vexatoires et d'exception à notre égard.

Aujourd'hui, je ne reviendrai pas sur une démonstration faite de tous points et restée sans réplique.

Je dirai seulement au Ministère public : Si notre fanfare n'est pas autorisée, pourquoi ne faites vous pas usage contre elle des rigueurs de la loi ?

Si demain j'ouvrais un cercle quelconque sans l'autorisation nécessaire, n'est-il pas certain qu'avant le coucher du soleil, cet établissement clandestin serait fermé, et le Frère Gualbert, le même jour, dénoncé au Parquet ?

Eh bien, on n'a pas fermé la maison que je dirige, et le procureur de la République n'a, jusque-là, reçu aucune plainte à mon sujet, bien que notre fanfare ait joué pendant trente ans en se rendant de l'école à l'église.

C'est qu'en effet, notre fanfare est une musique de pension approuvée par la préfecture, en même temps que les autres branches de notre enseignement soumis à son autorisation.

Et, ainsi que l'a reconnu le Conseil d'État, ces fanfares sont et restent sous la responsabilité du directeur de l'école ; et le caractère n'en est pas changé par l'adjonction d'aides volontaires et libres de tout engagement, appelés en certaines circonstances par le directeur, pour tenir les instruments trop pénibles pour des enfants

Aussi, pour la deuxième fois, porté-je le défi au Ministère public de trouver dans toute la France une fanfare d'école, du genre de la nôtre, qui soit inquiétée.

Et cependant ces fanfares sont nombreuses.

Vient ensuite la question de la permission à demander, en vertu de l'arrêté municipal du 18 juillet 1894.

Cette permission de jouer, nous l'avons demandée jusqu'à six fois verbalement ou par écrit à M. le Maire ; et voici la réponse de M. Verne à ma demande du 22 juin 1896 :

« Je réponds avec les 19 membres présents de mon conseil : non, vous n'êtes point autorisé à jouer dans les rues de notre cité... ce n'est point un décret, c'est un ultimatum.

« Je vous salue, M. le Directeur.

« Le Maire,
« VERNE. »

Après cet ultimatum à la César, je demande si quelqu'un, à ma place, se hasarderait à faire de nouvelles instances auprès de l'honorable M. Verne. Non, personne ne l'oserait, je suppose.

Et cependant, avant que l'année finisse, je veux me donner encore une fois cette liberté, ne serait-ce que pour calmer les scrupules des partisans des arrêtés municipaux, et éclairer la religion de M. le Juge de paix à cet égard, s'il en était besoin.

Résultat : M. Verne a répondu à nos deux demandes à lui adressées depuis ce troisième procès : « REFUS DE JOUER » Pas un mot de plus, bien que la loi exige un refus motivé. Il est vrai qu'un César est au-dessus des lois.

Ce n'est pas tout. Voilà que certains conseillers municipaux pour se défendre des reproches que leur attire cet acte anti-libéral au premier chef contre des enfants du pays, invoquent de prétendues insultes à leur endroit, de la part de quelques-uns de nos amis.

La chose n'est pas démontrée, M. le Juge de paix ; mais ces insultes, si insultes il y avait eu, n'auraient-elles pas été provoquées par la mesure arbitraire et de bon plaisir qui nous est appliquée ? Et aurait-elle été autre chose que l'explosion de l'indignation qu'éprouvent tous les amis de la liberté en face d'une tyrannie, d'un abus de pouvoir aussi hypocrites que mesquins ?

Du reste qu'auraient été ces insultes en comparaison de celles que s'attirent nos municipaux chaque fois qu'ils obligent nos musiciens à défiler l'instrument sous le bras, devant la déesse de la liberté qui a son piédestal à l'hôtel de ville.

Ah ! si cette déesse pouvait parler, ne leur dirait-elle pas avec des larmes dans la voix : « Malheureux que vous êtes, vous avez donc comme moi une figure de plâtre pour ne pas rougir des protestations indignées de ces étrangers d'une grande ville, qui, le jour de l'Ascension, en présence de ce silence de mort d'une musique locale, se sont écriés : « Non, non ! il n'y a pas de pays sauvage en ce moment dans le monde, où la liberté souffre de telles violences .. »

Elle leur dirait : Mais voyez donc de quel ridicule vous me couvrez la tête, et de quelles insultes vous couronnez les vôtres en consignant nos braves gendarmes chaque jour de fête, pour effrayer de paisibles citoyens et faire peur à des enfants qui se rendent dans le temple de leur Dieu pour y prier et s'y livrer aux joies les plus pures des plus douces harmonies... »

Elle leur dirait : « Quelle surdité affecte donc vos oreilles, pour que vous n'entendiez pas les revendications incessantes des parents de ces enfants que vous traitez en parias, alors que ces parents, pour donner une éducation chrétienne à leurs enfants, s'imposent le sacrifice de payer cette éducation tout en payant pour les vôtres que vous faites instruire avec l'argent des contribuables... »

Elle leur dirait : Mais ouvrez enfin vos oreilles, et prêtez-les aux plaintes amères du commerce, aux méchants propos contre vous, oui, contre vous, qui dans votre impuissance de rien faire pour le commerce local si éprouvé, vous efforcez de détruire nos fêtes religieuses, ces sources si précieuses de consolations morales et de fortune publique... »

Elle leur dirait, M. le Juge de paix, combien ils sont coupables ou insensés de vouloir les remplacer par des chevaux de bois et ce ramassis de saltimbanques qui emportent l'argent du pauvre peuple, et nous laissent en retour leur vermine et leurs maladies de toutes sortes.

Et elle se voilerait la tête pour ne pas voir la forfaiture qu'ils commettent en s'efforçant de détruire une maison d'éducation qui donne au commerce plus de 60.000 francs soit directement, soit par le mouvement incessant des parents des élèves internes ; maison ouverte à tout le monde et qui est pour la ville de Saint-Pourçain un ornement autrement certain que ce Tonkin et ce Madagascar en projet, ces deux asiles de vieillards, placés tous les deux sous l'influence des plus mauvais vents et loin de l'enceinte de la ville, comme les léproseries du moyen âge.

Elle leur dirait encore : « Que n'ayez-vous été témoins, dimanche dernier, des vivats, des claquements de mains de la foule, de l'empressement des mères à escorter la musique jusqu'à la pension, pour comprendre enfin que ces applaudissements sont autant d'insultes à votre adresse. »

Et moi je viens leur dire à mon tour, et je viens leur affirmer que leurs deux procès de musique ont rapporté par souscriptions à la fanfare qu'ils poursuivent, de six à sept cents francs qui sont pour nos rusés conseillers six à sept cents soufflets dont les ont gratifiés les amis des Frères et de la liberté.

Et si ce troisième procès valait à la chapelle qui se construit au Pensionnat, une pierre de mille francs par exemple ? Quel monumental soufflet s'ajouterait ainsi aux sept cents déjà administrés à nos intelligents municipaux !

Voilà, M. le Juge de paix, une légère énumération des sottises, des bévues auxquelles l'esprit sectaire peut entraîner une municipalité.

Qu'ils ne viennent plus maintenant se plaindre jamais, ces ineffables conseillers, que c'est nous qui les insultons ; qu'au contraire ils reconnaissent enfin qu'ils sont bien mal avisés dans la guerre qu'ils ont entreprise contre des instituteurs religieux qui font et ont toujours fait du bien dans ce pays,

Quant à ceux qui nous disent que nous avons tort de protester contre des arrêtés de bon plaisir, ils oublient que nous devons le bon exemple à nos élèves et à nos Anciens Élèves, surtout en ce temps de veulerie universelle ; ils oublient que le dernier degré d'abrutissement chez un esclave, c'est de se résigner à ses chaînes. Que Dieu nous préserve de tomber jusque-là !

Assurément nos conseillers municipaux s'attendaient à cette résignation quand ils ont pris contre nous et contre nous seuls leur fameux arrêté de proscription. Comme tous les persécuteurs, ils avaient compté sur cette soumission dont les catholiques pratiquants donnent trop souvent, hélas ! le fâcheux exemple.

Et cependant nous, catholiques malmenés pour nos croyances, n'avons nous pas le modèle qui convient dans saint Paul, ce fier citoyen romain, qui, pour échapper aux chaînes des méchants juifs de son temps, en appela hardiment à César ?

Cette histoire d'il y a dix-neuf siècles m'en rappelle une autre, bien faite pour appuyer mon dire et compléter ma pensée. Je prie M. le Juge de paix de me permettre de la raconter en quelques mots.

Dans un petit Etat de l'Italie d'autrefois, un magistrat quelque peu canaille et tout en interprétant la loi à sa façon, avait enlevé à un brave Français, venu là pour ses affaires, le plus clair de sa fortune.

Puis, sans plus de remords ni de honte, cet indigne magistrat se prit à faire la cour au roi, le poursuivant, l'accablant de ses assiduités pour obtenir une charge des plus honorables.

Mais le Français dépossédé ne manquait aucune occasion de se trouver sur le passage du roi pour lui crier de toute la force de ses poumons : « O bon roi, prenez-y garde, ce magistrat est un voleur... »

Le roi y prit garde enfin, et justice fut rendue au Français dépossédé injustement.

Ici, M. le Juge de paix, dans ce beau pays de Saint-Pourçain où depuis bientôt 40 ans je n'ai fait que du bien, même à quelques-uns de nos conseillers municipaux, un magistrat m'a volé la liberté ; la liberté, la plus précieuse des fortunes ; ce don que Dieu lui-même a fait à tous les hommes sans exception.

Eh bien, comme ce Français dépossédé par un étranger, je crierai aussi de toute la force de mes poumons au bon peuple, ce peuple qui, pour le moment, est le roi de la France ; je lui crierai : Peuple souverain, le magistrat que vous avez chargé de gouverner les intérêts de cette ville, nos intérêts par conséquent, est un voleur ! il m'a volé la liberté... Je le crierai ? Oui, au son du tambour, des cymbales et de la grosse caisse ; je le crierai au son de tous les instruments de notre fanfare, et cela, tant qu'il me restera une part d'autorité, et en dépit de tous les arrêtés de fantaisie et de bon plaisir.

Me soumettre à de tels arrêtés, M. le Juge de paix ? Oh ! non, jamais. Ceux qui le supposaient n'ont pas tenu compte du sang français qui coule dans mes veines ; ils n'ont pas réfléchi non plus que ce serait accepter la prescription à nos droits de citoyens, à nos droits aux libertés communes à tout français digne de ce nom. Et si M. le Juge de paix me le permet, à Frère Adorator ici présent je dirai : « Et vous, Frère Adorator, qui depuis douze ans vivez de ma vie ; depuis douze ans avez été mon bras droit ; vous qui êtes à cette heure notre Directeur effectif, et êtes appelé à me remplacer bientôt comme titulaire de cette maison qui m'a tant coûté de labeurs ; vous, qui pour la troisième fois m'accompagnez dans ce prétoire, en face de ce Christ qui juge les potentats eux-mêmes ; ce Christ qui durant sa vie entière a prêché la fraternité, a proclamé la liberté et l'égalité des hommes dans l'amour de son cœur ; dites-le moi, Frère Adorator, accepterez-vous jamais les chaînes des ennemis du Christ ? Répondez-moi ?... »

Mais non, non ! vous ne pouvez ici parler encore... et votre regard, votre émotion me suffisent. D'ailleurs, le jour où la Providence m'a ménagé votre heureuse rencontre, j'ai vite deviné que le sang français coulait aussi à pleins bords dans vos veines, ce sang généreux entre tous quand il est vivifié par la religion, par la foi de nos pères.

Vous le voyez, M. le Juge de paix, nos édiles anti-libéraux n'en ont pas fini de sitôt avec nous.

Et vous voyez aussi que ce n'est pas une amende honorable à deux genoux que je viens faire au Ministère public.

C'est au contraire une juste revendication des droits du citoyen du patenté ; d'un homme qui supporte toutes les charges des contribuables et de la voirie, et auquel seul la liberté de la rue est refusée.

Toutefois, M. le Juge de paix, cet homme, ce religieux aux cheveux blancs qui ne vous demande pas grâce, veut, avant de vous donner ses conclusions, vous prier de prendre garde que le délit reproché à M. Roussat, par le ministère public, ne peut être rapproché du mien.

M. Roussat fait jouer la fanfare du Pensionnat quand je lui en exprime le désir ; et il se résigne au silence quand je lui demande ce sacrifice.

M. Antoine Roussat, qui, d'élève remarquable de notre maison, était devenu à seize ans notre professeur de musique, fut reçu comme engagé volontaire, à 18 ans, dans la musique des Artilleurs de Vincennes.

Durant ses loisirs, au lieu de s'amuser, il sut se rendre familiers le piano, les orgues, les instruments à cordes, de même que ceux des fanfares.

Il ne pouvait manquer d'attirer sur lui l'attention bienveillante d'éminents amateurs de la musique. Aussi une brillante position lui souriait-elle bientôt dans la capitale, et à cet âge où les illusions sont d'une puissance irrésistible.

Mais M. Roussat s'est souvenu de sa mère, de son vieux père, ce rude travailleur du jour et de la nuit ; peut-être aussi de son vieux maître qu'il affectionne autant, il me semble, que moi-même je l'aime et je l'estime.

A ce fils au cœur d'or pour ses parents, la musique est son pain de chaque jour ; et ce pain, nos municipaux. maire en tête, s'efforcent de le lui arracher de la main ; à lui, cet enfant du pays dont tant de villes seraient fières.

C'est incroyable, M. le Juge de paix, et toutes les rigueurs de la justice, lors même qu'elles devraient lui être appliquées, perdent leurs droits sur ce fils dévoué à ses vieux parents.

Qu'a-t-il fait, d'ailleurs ? Il m'a toujours obéi : il s'est résigné à mes ordres le 22 mai dernier, alors que cinq cents Anciens Élèves ou amis des Frères demandaient à faire le tour de la ville en musique, à l'occasion de ma cinquantième année de vie religieuse.

Il m'a encore obéi quand, dimanche dernier, à la sortie de l'église, je lui ai dit : « On réclame la fanfare pour le commandant Marchand... Marchez donc !... »

Ce délit, si délit il y a, d'avoir fêté un grand patriote dans la mesure de nos moyens, ce délit, M. le Juge de paix, ne doit être reproché qu'à moi seul.

Prenez donc en considération les conclusions de M. Roussat, je vous en prie, M. le Juge de paix.

Quant aux miennes, je laisse le soin de les déduire de ma défense, à l'honorable Me Monicat, du barreau de Moulins, qui, de sa propre initiative, s'est offert à les poser.

Néanmoins, à l'avance, je les résume par ce cri de mon âme, de chrétien et de religieux : Vive la France ! et vive la liberté !

Frère GUALBERT.

(*Le 10 juin 1899.*)

Cette lecture achevée, chacun de vous, chers Anciens va se dire : M. Roussat est sauvé et Frère Gualbert condamné au maximum du maximum de la peine, pour cette troisième *récidive*, comme dit Martin. C'est le contraire qui est vrai.

M⁰ Monicat a tiré bon parti de l'argumentation de M. Roussat, à savoir que si on le condamnait, lui, pour avoir joué, on ne pouvait pas me condamner, moi qui n'avais pas joué du tout.

Et notre nouveau Juge de paix est de force à suivre un raisonnement et à en déduire des conséquences. Donc... M. Roussat : 5 fr. d'amende et les frais...

Cet acquittement de votre vieux maître a contrarié visiblement l'adjoint Martin. Pour le consoler, et lui fournir une nouvelle occasion de faire étalage de ses talents oratoires, ne convient-il pas que sans trop tarder, je m'y reprenne, et cette fois avec un tambour ?

Histoire d'un brave.

C'est l'heure de vous dire adieu, chers Anciens, et il m'en coûte, je vous l'avoue bien sincèrement.

Toutefois, je ne veux pas vous serrer la main en pleine justice de paix. Revenons alors ensemble à la pension, et écoutez cette histoire.

C'est M⁰ Monicat qui m'y a fait songer en nous tenant suspendus à ses lèvres, une heure durant, le jour de la distribution des prix.

Son discours, tout d'improvisation, s'adressait surtout à nos Anciens Elèves présents en grand nombre à cette occasion et auxquels il demandait de rester fermes et énergiques de caractère en ce temps d'une pleutrerie aussi envahissante que contagieuse...

Donc, vers le milieu du quinzième siècle, vivait en

Bourgogne, Philippe Pot, seigneur de la Roche-Nolay, surnommé la Bouche d'or, la Bouche de Cicéron en raison de son éloquence ; et plus tard, le Père de la Patrie, tant il gouverna avec sagesse et bonté la Bourgogne que Louis XI avait confiée à ses soins.

Sa grande confiance et sa vive reconnaissance en Notre-Dame de Bon-Espoir. dont l'image était en grande vénération dans le splendide sanctuaire de ce nom, à Dijon, lui avaient fait choisir pour devise : *Tant-L-Vaut*, qu'il fit graver autour de ses armes et qu'on trouve encore en lettres d'or dans les divers châteaux qu'il a occupés. (Lisez : Tant-elle-Vaut.)

Aussi intrépide soldat qu'il était bon chrétien, Philippe Pot prit sa plus riche armure et partit pour Constantinople, assiégée par Mahomet II.

Dans le cours de ce siège mémorable, le brave chevalier s'était rendu célèbre par son courage et ses hardis faits d'armes.

Aussi, Mahomet mit-il sa tête à prix : « Mille besants d'or, s'écria-t-il, à qui m'apporte sa tête ; dix mille à qui me l'amène vivant. » Philippe luttait seul depuis le lever du soleil sur un pan de muraille qu'entouraient mille janissaires en le sommant de se rendre, et, lui, abattait, abattait toujours, au cri répété mille fois de *Tant-L-Vaut ! . Tant-L-Vaut !*

Cependant, à la tombée de la nuit, il lui fallut bien rendre les armes et s'avouer prisonnier. Il fut conduit au sultan, tout couvert de blessures, mais non découragé, tant sa confiance en Notre-Dame de Bon-Espoir était grande. Aussi répétait-il plus que jamais : *Tant-L-Vaut !*

Mahomet, charmé de sa bonne mine et encore plus de la valeur qu'il a déployée dans les combats, veut à tout prix l'attirer à son service.

« — Renonce à ta foi, lui dit-il, et je te fais le plus grand après moi dans mon empire ! »

Le noble chevalier répond en secouant la tête :
« Tant-L-Vaut, Tant-L-Vaut !

« — Je te donne la moitié de mes trésors, continue le sultan, et plus que cela, ma sœur surnommée La Perle de l'Orient, cette perle convoitée par tous les émirs...

« — Tant-L-Vaut, Tant-L-Vaut ! » furent encore les seules réponses de ce vaillant guerrier. Ce que voyant, le sultan le fit fouetter de verges et enfermer dans un cachot.

Dans sa prison, Philippe se consolait en composant des ballades à la Vierge. L'une d'elles avait pour refrain :

> Tant Elle vaut et a valu,
> Qui de tout mal m'a secouru !

Et le sultan l'ayant écouté chanter celle où il exprimait à la Vierge son désir de revoir le sanctuaire de Bon-Espoir, lui dit :

« — Si demain tu triomphes de l'ennemi que je te donnerai à combattre, je te promets la liberté.

« — Que ce soit le diable en personne, répondit le chevalier, je le vaincrai par Notre-Dame de Bon-Espoir, Tant-L-Vaut ! »

Et pendant son sommeil, la Vierge lui apparut en songe, lui sourit, et lui jeta sur les épaules une peau de lion.

Le jour venu, les soldats de Mahomet le conduisent dans une sorte d'arène où l'attendait le sultan entouré de toute sa cour, lui mettent un glaive entre les mains et lancent contre lui un lion affamé.

A la vue du terrible animal, le chevalier lève les yeux au ciel et s'écrie : « Tant-L-Vaut ! » Puis, d'un coup de glaive, coupe les deux pieds du lion qui s'élançait sur lui.

D'un second coup de sabre, il lui tranche la langue et lui perce le cœur. Et tombant à genoux, il s'écrie joyeusement : « Tant-L-Vaut, Tant-L-Vaut ! »

Le sultan, charmé de tant de bravoure, tint sa parole et lui rendit la liberté.

Ce brave chevalier mourut en 1494, et fut inhumé à Citeaux, dans un superbe mausolée qui, depuis la Révolution, est devenu un ornement du musée de Dijon.

Vous avouerez bien avec moi, chers Anciens, que c'est grâce à son courage puisé dans sa foi, que ce vaillant chevalier a échappé aux plus grands dangers, a résisté aux plus formidables séductions, et a mérité ainsi de venir reposer près du sanctuaire où il aimait à prier N.-D. de Bon-Espoir.

Tant Elle vaut, tant Elle vaut, la douce Vierge Marie, mes chers amis, que je vous laisse, plein de confiance, sous sa garde puissante ; et en comptant sur elle pour qu'elle me ménage encore le bonheur de vous serrer la main à tous, le lundi de la Pentecôte, 4 du mois de juin de cette année de grâce 1900.

Frère GUALBERT.

Saint-Pourçain, le 2 février 1900.